법학, 경제학 그리고 자연과학에서 바라보는 환경문제

아오키 준이치 · 아키야마 토요코 · 오오히라 사토시 · 가나야 노부히로
고바야시 히로미치 · 스기모토 노리히코 · 로쿠샤 아키라 공저

이경재 · 김경우 옮김

박영사

역자 서문

오늘날 환경문제는 한 개인이나 소수의 사람들만의 문제가 아닌 전지구적(全地球的)인 문제로까지 발전하고 있습니다. 불과 얼마 전까지만 해도 미세먼지나 초미세먼지는 우리들의 관심사가 아니었지만, 이제는 매일 그 수치를 확인하거나 마스크를 하고 다니는 것이 일상사가 되었습니다. 넘쳐나는 플라스틱 쓰레기는 온 국토를 뒤덮는 것도 모자라 먼 바다까지 흘러 들어가 바다생물에 치명적인 문제를 일으키고 있으며 이는 다시 미세플라스틱이 되어 인간들에게까지 악영향을 미치고 있습니다. 인간을 비롯한 모든 생물들이 안전하고 건강하게 살 수 있는 지구환경을 만드는 일은 이제 이 지구에 사는 모든 사람들이 책임져야 할 문제가 된 것입니다.

이 책은 바로 이러한 문제들, 즉, 순환형사회, 생물다양성, 기후변화와 지구온난화라고 하는 핵심적인 환경문제들을 법학과 경제학, 그리고 자연과학적인 관점에서 그 원인과 대책을 생각하게 해줍니다. 언젠가부터 우리 사회에서는 '통섭(consilience)'이라는 말이 유행처럼 번지고 있는데, 정작 통섭적인 시각에서 환경문제를 바라보는 책들은 거의 없습니다. 이 책은 바로 그런 통섭적인 시각으로 환경문제를 바라보고 있다는 점에서 매우 독특하고 유용하므로 환경에 관심이 있는 전문가는 물론, 일반인이나 학생들에게도 일독(一讀)을 권하는 바입니다.

이 책은 <SSK 기후변화와 국제법연구센터>의 센터장인 연세대학교 법학전문대학원의 박덕영 교수의 적극적인 지원을 얻어 진행되었습니다. 기후변화의 문제를 다양한 관점에서 접근해 오던 박덕영 교수와의 교류를 통하여 이 분야에 관심을 갖게 된 역자(이경재)는 박덕영 교수와 이 분야에 관한 적절한 텍스트를 번역해 보자는 데 뜻을 같이하고 게이오대학(慶應大學)에서 출간된 이 책을 발견하고 즉시 번역하기로 했습니다. 그리하여 전체기획은 박덕영 교수, 1차 번역은 이경재, 그리고 1차 번역의 수정보완은 SSK 기후변화와 국제법연구센터의 김경우 박사가 상호 협력을 통해 이 번역본을 탄생시켰습니다. 특히 일본에서 유학을 한 김경우 박사의 탁월한 일본어실력의 도움이 아니었다면 이 책은 세상의 빛을 보지 못했을 것입니다.

이 책을 번역하면서 이제 환경은 모든 생태계의 생사를 결정짓는 매우 심각하고도 절박한 문제라는 것을 뼈저리게 느끼게 되었습니다. 그래서 이제는 우선 나부터라도 플라스틱을 덜 사용하고, 가급적 대중교통을 이용하며, 모든 자원의 사용을 소중히 하는 습관을 가져야겠다는 생각을 하게 되었습니다. 아직은 그저 생각하는 수준에 머물고 있지만 이러한 가장 단순한 생각에서부터 커다란 움직임이 일어날 수 있을 것이라 생각합니다. 그렇습니다. 환경문제는 그저 생각만으로는 해결할 수 없습니다. 작더라도, 사소하더라도 직접 실천하는 것이 가장 중요합니다. 얼마 전까지만 해도 흔하게 사용했던 프레온가스를 이제는 더 이상 사용하고 있지 않으며, 장소 불문하고 습관적으로 해 왔던 흡연도 이제는 매우 제한된 장소에서만 가능하며, 천연가스로 움직이는 버스가 도처에서 운행 중 입니다. '작지만 위대한 실천'은 이제 우리 모두의 몫입니다.

마지막으로 이 책의 출간을 위해 힘써주신 박영사의 모든 분들께 깊이 감사드리며 이 책이 우리 모두의 환경문제를 보다 쉽게 접근해 줄 수 있는 지렛대 역할을 할 수 있다면 더없는 행복으로 여기겠습니다.

2019년 6월 초

역자 이경재·김경우 記

저자 서문

문명의 발전, 과학의 진보에 의해 우리들은 지구라는 환경 속에서 쾌적하게 생활할 수 있게 되었습니다. 하지만 한편으로는 화석연료를 연소시켜 얻은 에너지로 많은 제품을 만들고, 많은 쓰레기를 배출하며 환경에 부담을 주고 있습니다. 도로를 만들고 집을 지어 그 토지의 생물이 만드는 환경, 즉 생태계를 변화시키고 있습니다. 인간을 포함한 생물이 이 지구에서 이후에도 쾌적하게 생활할 수 있도록 우리들은 지속가능한 사회의 나아가야 할 바를 생각해야 합니다.

사람들이 자기 마음대로 행동해서는 지속가능한 사회를 실현하기가 곤란합니다. 지속가능한 사회를 실현하기 위해서는 사람들이 행동하기 위한 이념과 규칙을 공동이해로서 정해둘 필요가 있습니다. 그것이 법률입니다.

환경문제를 생각할 경우에는 기준과 규제를 정한 법률을 조사할 부문이 많이 있습니다. 재활용과 지구온난화, 생물다양성에 대하여 생각할 때에는 자연과학의 지식이 필요하게 됩니다. 또한 경제적으로 맞지 않는 정책과 법률은 실효성이 없습니다. 이러한 분야에서 어떠한 환경문제를 생각할 것인가를 아는 것이 중요합니다. 한 분야의 관점만으로는 현실사회의 환경문제에 대응할 수 없게 됩니다.

이 책의 큰 특징의 하나는 법학과 경제학, 자연과학이라는 각 분야에서 생각하는 환경문제를 동시에 배우는 데 있습니다. 초학자뿐만 아니라 환경문제에 관심을 가진 모든 학생·사회인들이 20년 뒤에도 변하지 않는 다양한 관점을 가진 근원적인 사고방식을 가져주셨으면 합니다.

법률은 시대와 함께 변화하는데 이 책에서는 특히 20세기 종반부터 21세기 초에 만들어진 환경에 관한 기본법 및 관련법을 자료로 삼았습니다. 환경에 관한 법률은 「환경기본법」(1993년)을 정점으로 그 기본이념에 근거하여 제정된 「순환형사회형성추진기본법」(2000년), 「생물다양성기본법」(2008년)이 있습니다. 이러한 기본법이 들고 있는 이념을 구체적으로 실현하기 위하여 각종의 개별법이 제정되어 있습니다. 그 중에서는 온실효과가스의 감축목표를 정한 교토의정서의 채택으로 제정된 「지구온난화대책의 추진에 관한 법률」(1998년)도 있습니다.

이 책을 통하여 '순환형사회', '생물다양성', '기후변화와 지구온난화'에 관한 법률에서 규정된 기본이념이 널리 일반인들에게도 중요하고 배워두어야 할 사고방식이라는 것을 이해해 주셨으면 합니다. 그리고 동시에 다양한 관점에서 환경문제를 생각하는 것을 통하여 사회에 나가서 필요한 종합적인 사고방법이나 여러 가지 사고방식을 종합해 나가는 과정을 배웠으면 합니다. 이것이 저자일동의 바람입니다.

이 책의 아이디어는 15년 이상 계속되어 온 '환경세미나'라고 하는 자발적인 세미나에서 태어났습니다. 이 세미나에서 환경문제에 관심을 가진 게이오대학교의 법학, 경제학, 자연과학의 교원이 모여 서로 토론해 왔습니다. 매번 다른 분야의 소박한 의문이나 날카로운 지적이 있었고, 자신의 전문분야의 내부에 한정된 논의가 얼마나 좁은 영역에서 논의되었는가를 느낄 수 있었으며, 공부에 많은 도움이 되었습니다. 각 장의 후반부분은 자발적 세미나의 분위기가 전달될 수 있도록 좌담회로 만들었습니다.

이 책은 순환형사회, 생물다양성, 기후변화와 지구온난화라는 각각의 주제에 대하여 우선 법학, 자연과학, 경제학이라는 각각의 분야에서의 생각을 제시하고, 후반부에는 좌담회의 기록을 수록하고 있습니다. 여러분들이 흥미가 있는 부분부터 읽어 나아가도 좋습니다.

다양한 생각을 배우고 그 지식으로 새로운 것에 대한 관점을 깨닫는 학문의 재미를 체감해 봅시다.

저자일동

아오키 준이치(青木淳一), 아키야마 토요코(秋山豊子),

오오히라 사토시(大平哲), 가나야 노부히로(金谷信宏),

고바야시 히로미치(小林宏充), 스기모토 노리히코(杉本憲彦),

로쿠샤 아키라(六車明)

목 차

컬럼 목차

제1장

제2장

제3장

순환형사회

1

이 장에서는 순환형사회를 공통 주제로 하여 1.1절에서는 순환하는 사회를 지향하는 대처방안을 법학적 관점에서, 1.2절에서는 지구의 생태시스템이 순환의 기본이라는 점을 생물학의 관점에서, 1.3절에서는 경제시스템을 지탱하는 자연순환을 경제학의 관점에서 생각해 봅니다. 후반 부분인 1.4절에서는 저자 전원이 참가한 좌담회의 기록을 수록해 두었습니다.

1.1 순환하는 사회를 지향하는 대처방안

▶ 대량으로 생산 · 소비 · 폐기하는 사회의 폐단

제2차 세계대전이 1945년에 종결되고 난 후 일본은 폐허 속에서 부흥에 힘써, 1955년경에는 사회가 일단 안정적으로 되어 갔습니다. 이에 가일층 거국적으로 경제성장을 추구하게 되었습니다.

1964년 도쿄 올림픽에서부터 1970년 오사카 만국박람회가 열렸을 때가 성장의 정점이었습니다. 고속도로와 고층빌딩이 점차로 건설되었고, 신칸센이 개통되었으며, TV, 세탁기, 냉장고, 자동차 등 가정에서 사용하는 물건들도 차츰차츰 만들어졌습니다. 사람들의 생활 속에 물건이 생기기 시작하자 사람들의 삶이 풍족하게 되었습니다.

필요하기 때문에 구입하여 집에 둔 것도 언젠가는 낡게 되어 바꾸지 않으면 안 되기 때문에 버릴 수밖에 없습니다. 필요하지 않은 것을 누가 어디에 두고 싶까요? 하지만 버릴 장소가 많은 것이 아닙니다. 폐기물 처리장으로 해안가에 매립하거나 산속에 버릴만한 장소를 만들기도 했지만, 점차 처리장이 없어지게 되었습니다. 생각해 보면, 처리장도 하나의 자원인 것입니다.

일본은 국토가 좁기 때문에 처리장 주변에 사람들의 주거지가 들어서기 시작했습니다. 처리장을 만들기 쉬운 산간지역은 종종 사람들의 생활에 없어서는 안 될 수돗물의 수원이 되기도 합니다. 처리장에는 폐기물로부터 오염물질이 흘러나오지 않도록 시트 같은 물건을 덮어두지만, 그래도 오염물질이 스며 나옵니다. 이러한 사태가 많은 처리장에서 문제가 되자, 새롭게 처리장이 만들어질 장소에 살고 있는 사람들이 불안해하기 시작했습니다. 그래서 처리장의 건설이나 조업에 대하여 엄격한 절차가 요구되었습니다. 이러한 절차는 법률에 기초한 것뿐만 아니라, 지방자치단체의 조례에 기초한 것이어서 처리장의 건설이나 조업에 대한 장벽이 높아지게 되었습니다.

처리장의 건설계획이 세워지면, 당해 지역의 지자체가 계획을 저지하기 위하여 새로운 조례를 만드는 사례도 적지 않습니다. 수원지에서는 오염원인이 될 수 있는 처리장의 건설이나 조업을 할 수 없다고 하는 내용의 조례입니다. 특정한 처리장의 건설이나 조업을 저지하기 위한 조례를 「저격형 조례」라고 부릅니다. 폐기물 처리장은 인근 주민들에게 혐오시설밖에 되지 않지만, 어딘가에 그것이 존재하지 않으면 거리에는 쓰레기가 넘쳐나게 되어 깨끗한 생활환경을 유지할 수 없게 됩니다. 계획을 무리하게 강행할 것이 아니라 이해관계를 둘러싼 많은 사람들 사이에 합의를 얻는 과정이 중요하겠지요.

예전에 다이옥신이 세간의 이목을 끈 적이 있습니다. 1999년에 사이타마(埼玉)현 도코로자와(所沢)시에서 재배된 채소에서 고농도의 다이옥신이 검출되자 TV 보도프로그램에서 이를 다룬 것을 계기로 도코로자와 산(産) 채소가 팔리지 않게 되었습니다. 결국 농가와 TV방송국 사이에 재판이 진행되었습니다.

이 문제의 배경에는 도코로자와 주변에 산업폐기물의 중간처리시설이 많이 있었다는 것입니다. 「산폐긴자」(産廢銀座)[1]라는 말이 생길 정도

1) 이 말은 「(산업폐기물인) 다이옥신에 오염된 거리」라는 뜻을 가진 말로서 1990년

였습니다. 도시에서 대량으로 배출된 쓰레기를 그 주변지역에서 처리한다고 하는 현대사회의 어두운 산물에 지나지 않은 것입니다. 고속도로가 가까운 곳에 중간처리시설을 만들어 거기에서 처리된 폐기물을 도시에서 멀리 떨어진 곳에 버리는 시스템인 것입니다.

대량으로 배출된 쓰레기를 그대로 버리면 처리장이 머지않아 고갈되어 버릴 것입니다. 쌓여가는 쓰레기더미를 작고 처리하기 간편하게 나눌 필요가 있습니다. 용적을 작게 하는 가장 간단한 수단은 태워서 재로 만드는 것입니다. 도코로자와의 중간처리시설에서도 이와 같이 쓰레기를 태워서 처리했습니다. 현재 소각설비의 기준은 섭씨 800℃ 이상의 상태로 완전소각시킬 수 있게 되어 있습니다(폐기물처리법시행규칙 제1조의7 제1호). 그러나 다이옥신 문제가 발생했을 당시에는 화력이 약한 시설도 있고 해서 다이옥신이 발생하기 쉬운 상태였습니다. 대량폐기가 가능해졌지만, 처리시설의 수나 능력이 이를 따라가지 못했던 것입니다.

당시의 상황을 알 수 있는 자료로서 2001년판 『순환형사회 백서』에는 산업폐기물 최종처리장의 잔여연수를 나타내는 데이터가 게재되어 있습니다(그림 1.1). 이를 보면, 잔여용량이 1997년을 경계로, 그리고 잔여연수가 1998년도를 경계로, 급속하게 감속하기 시작한다는 것을 알 수 있습니다. 수년 사이에 일본의 경제계에서 배출된 폐기물은 처리할 수 없게 되어버리는 상황이 되어 버렸지요. 이렇게 되자, 폐기물을 각 기업의 공장 안에 담아두거나 처리할 수 있는 방법이 없게 되자 불법투기하는 자가 속출하게 되었습니다. 이러한 사실이 명백해지자 사회시스템을 바꾸지 않으면 안 된다고 진심으로 생각하게 되었습니다.

대에 일본에서 도코로자와지역을 일컫는 말로 사용되었다(이하 역자 주).

[그림 1.1]　최종 처리장의 잔여용량 및 잔여연수의 추이(산업폐기물)

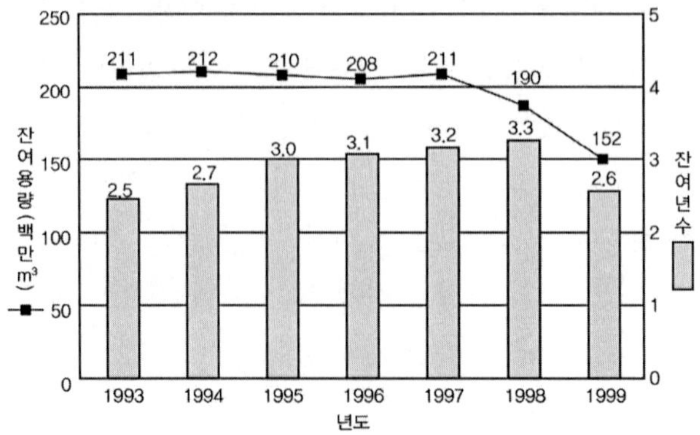

*1999년도의 수치는 추계치. [2001년 『순환형사회백서』에서 발췌]

▶ 법률이 만들어지는 배경

환경에 좋은 정책이라고 하더라도 누구나 이를 찬성하는 것은 아닙니다. 오늘날의 경제사회는 복잡하게 이해관계가 얽혀있기 때문에 환경에 좋은 정책에 의해 손해를 보는 사람이 생길 수도 있습니다. 환경정책의 경우, 경제계가 반대로 돌아설 수도 있습니다. 기업의 경우, 환경측면에서의 규제가 강해지면 그에 대처하기 위하여 비용이 더 들어갈 수 있겠지요. 기업의 활동목적은 이윤추구입니다. 추가적인 비용이 드는 정책이 나오면, 이에 반대하려고 하는 이유도 알만합니다.

기업의 이윤추구를 후원하는 경제정책을 주도해 온 국가의 행정기관은 통상산업성(省)[2](현재 경제산업성)입니다. 기업활동이 활발하게 되고 일본경제 전체가 활성화되어 국민들의 생활이 풍족하게 되도록 산업

2) 일본의 성(省)은 우리나라의 부(府)를 의미하는데, 경제산업성은 산업통상자원부에 유사하다.

을 육성하기 위한 정책을 입안하고 실행하는 것이 바로 통상산업성의 정책목표입니다. 경제계의 관점에서 정책을 입안하고 실행해왔기 때문에, 환경에 좋은 정책이 제안되어 그것이 기업에 추가적인 비용을 요구하게 된다면 그 내용을 신중하게 검토해야 한다고 강조하는 일이 많아졌습니다.

환경정책뿐만 아니라 어떤 정책이라도 반드시 적극파와 신중파가 있습니다. 지금까지의 역사를 보면 알 수 있듯이, 다양한 등장인물들이 각각의 특성을 살려 활동하여 개개인들로서는 실현할 수 없는 풍요로운 사회가 만들어져 왔습니다. 변화를 일으키려고 하면 누군가에게 손해가 발생할 수 있습니다. 그것이 바로 다양한 사람들로 사회가 구성되어 있다는 증거입니다.

하지만 이는 신중파의 입장이며, 적극파의 논리도 가다듬으면 보다 좋은 정책이 나올 수 있는 것도 잊지 말아야 합니다. 찬성하는 관점에서만 정책의 내용을 수립하기보다 반대하는 관점에서의 비판도 정확하게 응할 수 있는 작업을 하면서 가다듬는 것이 견실하고 실효적입니다.

논의를 생산적으로 하면서 최종적으로 보다 좋은 정책을 선택하기 위한 열쇠가 되는 것이 바로 「사실」입니다. 가치관과 사고방식은 다양할 수 있어도 사실은 모든 사람들이 공통적으로 동의하고 논의의 출발점이 될 수 있기 때문입니다. 법률을 입안할 때에는 「입법사실」이 중요합니다. 입법사실이라 함은 법률의 필요성과 정당성을 확고하게 하는 현실사회의 사실입니다. 입법사실을 명확하게 하여 법률의 목적과 내용의 합리성을 국민들에게 확실하게 설명할 수 있습니다.

이 장의 주제인 「순환형사회」의 핵심이 되는 법률 - 순환형사회형성추진기본법(이하 순환기본법이라 한다)을 이해하기 위하여는 그 배경에 어떤 입법사실이 어떠한 형태로 있는가를 파악하는 것이 매우 중요합니다. 가정에서 배출되는 쓰레기, 산업계에서 배출되는 쓰레기가 어떠한 상태에 있고, 어느 정도의 양이 있는가 등을 정확하게 파악해야 합니다. 기업활동이 복잡하게 되면, 물건을 제조하는 과정도 복잡하게 됩니다. 하도급과 재하도급이 이루어지는 현실도 주목해야 합니다. 전후의 고도 경제성장 속에서 물건을 만드는 양, 물건을 소비하는 양, 필요 없게 된 물건을 처리하는 양이 급격하게 증가하게 되었습니다. 즉, 대량생산과 대량소비 그리고 대량폐기 사회의 폐해가 커진 것입니다. 그래서 순환형사회를 형성할 필요성이 부각된 것입니다.

▶ 순환형사회라는 사고방식

사람들은 건물을 짓고는 다시 부시고, 집안의 물건들도 쓰고는 버립니다. 버려지는 물건들이 늘어나는 결과, 버릴 장소를 찾거나 새로 만드는 것도 한계가 있지요. 가능한 한 버릴 물건을 줄이고 한번 사용한 물건도 어떠한 형태로든지 재활용하지 않으면, 버릴 곳이 없어진 쓰레기들이 길가에 쌓여갈 수밖에 없습니다. 현실에서 이러한 사태를 본격적으로 걱정하게 된 것은 20세기 말부터 21세기 초반입니다.

1970년에 제정된 「폐기물처리법」[3]이라는 법이 있는데, 그 정식 명칭은 「폐기물의 처리 및 청소에 관한 법률」입니다. 원래는 공중위생 상태를 개선할 목적에서 쓰레기 처리에 관하여 만들어진 법률인데, 1960년대부터 고도경제성장에 따른 대량생산·대량소비·대량폐기 사회의 폐단을 해결하려고 하는 내용으로 채워졌습니다. 1991년, 1997년에는 법이 대폭 개정되어 산업폐기물의 문제를 비롯하여 폐기물처리에 관한

3) 일본의 「폐기물처리법」에 해당하는 우리나라의 법에는 1987년에 제정된 「폐기물관리법」이 있다. 이 법의 제1조 목적 조항은 다음과 같이 규정되어 있다. "제1조 (목적) 이 법은 폐기물의 발생을 최대한 억제하고 발생한 폐기물을 친환경적으로 처리함으로써 환경보전과 국민생활의 질적 향상에 이바지하는 것을 목적으로 한다."

규제를 엄격하게 했습니다. 벌칙을 강화함으로써 폐출되는 폐기물량의 증대를 억제해 왔습니다.

어찌 되었든, 대량폐기를 억제하기 위해서는 그 기반이 되는 대량생산·대량소비의 형태를 변화시켜야만 합니다. 또 벌칙을 강화할 뿐만 아니라 바람직한 사회상의 이념을 명확하게 하는 것도 대단히 중요하게 되었습니다.

그래서 2000년에는 자원을 중요하게 생각하고, 쓰레기를 가능한 한 감소시키기 위한 기본적인 사고방식을 새롭게 하는 법률로 「순환기본법」이 제정되었습니다. 환경기본법(1993년)에서는 이미 사업자의 책무로서 자원을 중요하게 생각하는 것도 규정하고 있었습니다. 순환기본법은 사업자뿐만 아니라 국가와 지자체, 소비자를 포함하여 각각의 역할을 분담하고 자원을 재생하여 사용할 수 있는 순환형사회를 만드는 것을 목표로 하였습니다.

순환기본법 제1조는 이 법률의 목적을 다음과 같이 규정하고 있습니다.

순환기본법 제1조

이 법률은 환경기본법 (생략) 의 기본이념에 따라, 순환형사회의 형성에 관하여 기본원칙을 정하고, 나아가 국가, 지방자체단체, 사업자 및 국민의 책무를 명확하게 함과 더불어 순환형사회형성추진기본계획의 책정 기타 순환형사회의 형성에 관한 시책의 기본이 되는 사항을 정함으로써 순환형사회의 형성에 관한 시책을 종합적이고 계획적으로 추진하여 현재와 장래의 국민들이 건강하게 문화생활을 확보하는 데 기여하는 것을 목적으로 한다.

순환기본법은 환경기본법의 하위에 있는 법률입니다. 동시에 순환기본법은 순환형사회의 형성에 관한 기본원칙을 정한 것으로서, 용기포장 리사이클법이나 가전 리사이클법 등 개별구체적인 리사이클 관련법의 상위에 위치하는 법률이기도 합니다. 순환형사회를 형성하기 위한 다양한 법률은 순환기본법을 통한 체계를 구축하고 있습니다(그림 1.2).

[그림 1.2] 순환형사회를 형성하기 위한 법체계

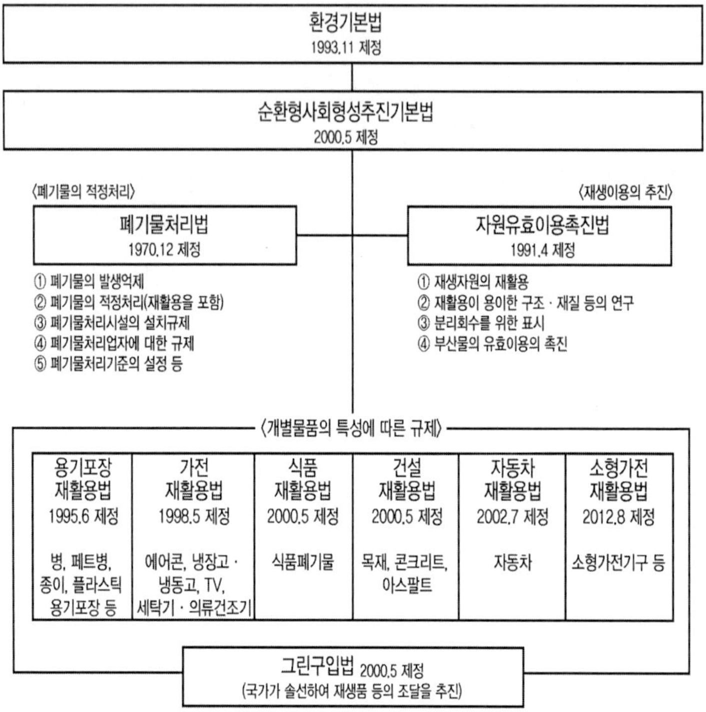

*[환경성 『일본의 폐기물처리의 역사와 현상』 (2014년)에서 발췌]

그러면 순환기본법이 목표로 삼는 「순환형사회」라 함은 도대체 어떠한 사회일까요? 순환기본법의 내용을 정리하면, 다음의 두 가지 점을 확인할 수 있습니다. 첫째, 우선순위를 「발생억제 ≫ 재이용 ≫ 재생이용 ≫ 적정처분」이라고 하는 순환을 구축하는 것입니다. 둘째, 그와 같은 순환에 의하여 천연자원의 소비를 억제하고 환경에 주는 부담을 가능한 한 감소시키는 사회, 즉 순환형사회를 형성하는 것입니다.

▶ 법률을 제정한 효과는 나타났는가?

이와 같이 순환기본법은 순환형사회의 형성을 목표로 한다는 방침을 명확하게 세우고 있습니다. 그 효과는 정말 나타났을까요?

물질의 흐름을 나타내는 물질프로세스는 우리들이 어느 정도 자원을 채취, 소비, 폐기하고 있는가를 눈으로 볼 수 있습니다(그림 1.3). 순환기본법의 제정 이래 국가는 매년 물질프로세스를 작성하고 있습니다. 예컨대, 2016년판 『환경 · 순환형사회 · 생물다양성백서』에는 2000년도와 2013년도의 물질프로세스를 비교해 놓고 있습니다. 이에 따르면, 천연자원 등의 투입량은 19억 2,500만 톤에서 14억 500만 톤까지 약 27% 감소했습니다. 또 최종처분한 폐기물의 양은 5,600만 톤에서 1,600톤까지 약 71%나 크게 감소했습니다. 한편, 순환이용된 양은 2억 1,300만 톤에서 2억 6,900만 톤까지 약 26% 증가했습니다. 일본사회는 착실하게 대량생산 · 대량소비 · 대량폐기형 사회에서 벗어나고 있는 것입니다.

1990년대 후반에는 최종처리장의 잔여 용량이 겨우 몇 년 분밖에 되지 않아 쓰레기를 버릴 곳이 없어지기 시작했기 때문에 리사이클의 필요성이 높아지게 되었습니다. 재활용 · 재자원화를 추진하고, 쓰레기의 발생을 억제하는 노력을 계속하여 소각하는 경우에도 열 재활용(thermal recycle), 즉 열에너지를 회수 · 이용하고, 마지막에는 적정하게 처분한다고 하는 「순환」이 형성되었습니다. 그러한 성과가 데이터에도 분명하게 나타나기 시작한 것입니다.

[그림 1.3] 일본에서의 물질프로세스

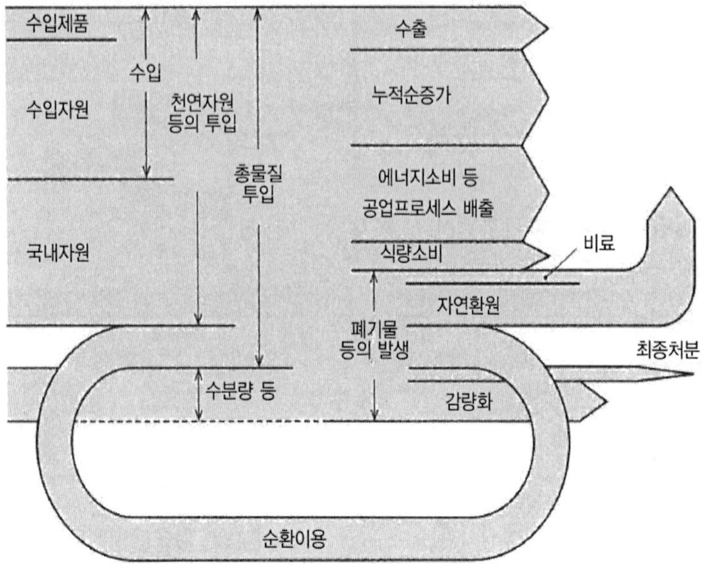

*[환경성 자료에서 발췌]

– 青木淳一 · 六車 明(아오키 준이치 · 로쿠샤 아키라)

환경법이 걸어온 길

환경의 보호나 보전에 관한 국가의 법률과 지방자체단체의 조례 등을 일컬어 「환경법」이라고 합니다. 환경법은 일본이나 외국에서도 공해에 대처하기 위하여 만들어져 온 역사를 가지고 있습니다. 그리고 일본에서는 후일 「공해국회」라고 불리게 된, 1970년 11월말부터 12월에 걸쳐 개최된 임시국회가 큰 전환기가 되었습니다. 그때까지만 해도 공해와 관계된 법률이 존재했는데, 예컨대 공해대책기본법(1967년)이 「생활환경의 보전에 관하여는 경제의 건전한 발전과의 조화를 이룰 수 있도록 한다」는 것을 명문으로 둠으로써 이른바 경제조화조항이 있었습니다. 경제 우선의 자세가 공해대책을 지체시키는 것이 아닌가 하는 여론의 강한 비판을 받아 국회에서 공해문제가 집중적으로 심의되었고, 경제조화조항을 삭제하는 등의 개정이 있었으며, 공해대책을 강력하게 권유하는 입법이 이루어졌습니다.

다른 한편, 최근에는 기업과 개인의 경제활동에 의하여 환경에 가해지는 부담이 환경을 통하여 사람의 생명·건강과 생태계에 영향을 미칠 가능성, 즉 「환경리스크」는 그 원인과 영향 사이의 인과관계가 현재의 과학기술로는 나타나지 않는 것도 적지 않습니다. 어떤 원인으로, 왜 그러한 결과가 생기는가를 아직 잘 모릅니다. 그래도 나쁜 영향이 있다는 것은 확실하므로 그대로 방치할 수만은 없습니다. 좀 어설프더라도 행동하지 않으면 늦어지게 됩니다. 일정한 행동규범을 보이는 역할을 오늘날의 환경법에 기대하는 바입니다.

六車 明(로쿠샤 아키라)

1.2 지구의 생태시스템이 순환의 기본

▶ 자연생태계의 물질순환이란?

1.1절에서 설명한 바와 같이, 폐기물의 종류와 양이 증가하여 그 처리가 큰 문제로 되어 왔습니다. 지구 전체의 순환형 생태시스템을 생각해 볼 때, 많은 생물들이 생산한 물질은 자연의 순환계 속에서 처리되고 있음에 반하여, 문제가 되고 있는 폐기물은 인간이라고 하는 하나의 종의 생물이 생산한 것이라고 말할 수 있습니다.

이 절에서는 먼저 자연의 생태계 속에서 물질의 순환을 생각해 보고, 인간이 만들어낸 인공적인 제품의 생산·축적·폐기·분해 그리고 순환을 생각해 보려고 합니다. 많은 생물들을 구성하고 있는 물질은 먹이사슬, 바꾸어 말하면 생물군집에 의한 생태피라미드(그림 4.1)에 의하여 분해되어 순환됩니다. 생물의 사체와 배설물 등의 유기물은 세균류, 곰팡이, 버섯류의 균류로 구성된 분해자에 의하여 무기물로 분해됩니다. 그리고 주로 광합성식물로 구성된 생산자가 무기물로부터 유기물을 합성하고, 초식동물과 육식동물로 이루어진 1차, 2차, 3차 나아가 고차 소비자가 그 유기물을 이용하는 것입니다. 이들 생물은 또 배설물을 배출하고 사체가 되어 분해자에 의하여 분해되어 생태계의 물질로 순환되어 갑니다.

이러한 물질순환 속에서 특히 중요한 것은 생물체의 구성성분으로서 중요한 탄소, 질소, 인(燐), 유황, 물 그리고 에너지의 순환입니다.

[그림 1.4] 생태피라미드

물은 빙하·빙산·극지와 그린란드에 얼음으로 대량으로 축적되어 있는데, 지구온난화에 의하여 얼음이 녹아 표고가 낮은 지대가 물속에 잠기는 것이 아닌가 염려됩니다. 또한 인구가 증가하는 나라에서는 온난화에 따른 사막화로 식수가 부족하다는 지적을 받습니다(그림 1.5).

[그림 1.5] 물의 순환

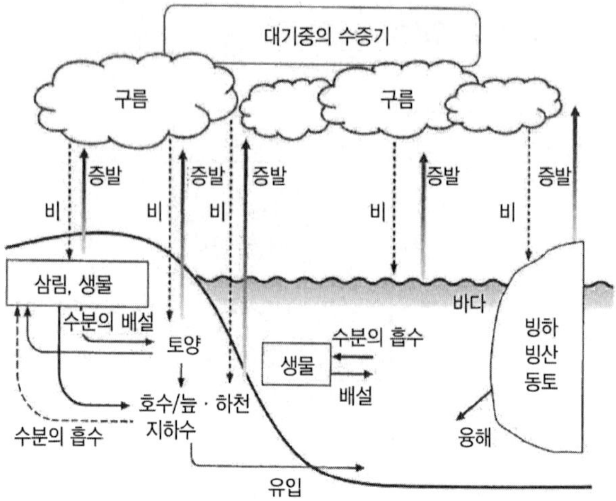

탄소는 생물체의 주성분인데, 식물이 광합성으로 생산하는 에너지의 주성분으로도 특히 중요합니다. 환경문제로서는 인간이 화석연료를 태워 대기중에 이산화탄소를 방출함으로써 지구온난화로 연결되고 있습니다(그림 1.6).

[그림 1.6]　탄소의 순환

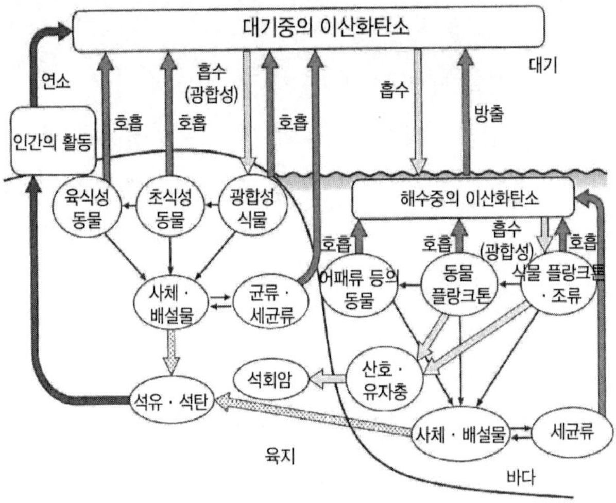

질소와 인은 농작물의 생육에 필수적인 비료로서 알려져 있는데, 토양에 대량으로 산재되어 있습니다. 예전에는 가정에서 사용하는 세제에도 인이 포함되어 있었습니다. 질소와 인이 하천과 바다에 흘러들어가 부영양화(富榮養化)되어 수질오염을 발생시킵니다. 최근에는 세재에서 인이 빠지게 되었고 하수도가 완비되었기 때문에 하천과 바다의 수질이 현격하게 개선되었습니다. 또 질소와 유황은 화석연료를 태울 때 질소산화물과 유황산화물로서 대기 중에 방출되어 대기오염과 산성비로 연결됩니다. 이처럼 자연의 물질순환 속에서 인간에 의한 생산물이 부담을 주기 때문에 이를 적극적으로 회수 · 분해 · 처리 · 보존/관리 · 순환 등에 대한 대책이 필요하게 되었습니다.

▶ 인간은 생태피라미드의 정점에 있다

앞서 말씀드린 바와 같이, 현재 물질순환에는 인간이 크게 관여하고 있습니다. 생태시스템의 측면에서 볼 때 인간은 생태계의 정점에 선 소비자로서 생태계의 거의 모든 생물들을 먹는 잡식성 동물입니다. 유산균 등 세균류, 버섯 등 균류, 각종의 식물, 곤충류, 어패류, 새, 소, 돼지 등 생태계의 다양한 생물을 먹이로 하는 혜택을 받은 것입니다. 한편, 인간을 위하여 인공적인 물질을 대량으로 생산하는 「생산자」라고도 말할 수 있습니다. 생태계의 피라미드는 위로 갈수록 그 생물의 개체수가 감소하는데, 인간은 그 정점에 서서 현재 70억이 넘는 인구가 있을 뿐만 아니라 앞으로 더 증가할 것입니다. 인구증가에 따른 인간의 활동은 점점 늘어나고 있으므로 생태계에 큰 부담을 줄 가능성이 있습니다. 특히 인공물의 양, 질, 배출이 문제가 되고 있습니다.

우선 자연 속에서 분해되는 물질이라고 하여도 분해가능한 양을 넘어버려서 자연의 힘에 의한 순환이 어려울 경우가 있습니다. 그 대부분이 유기물로서 여기에는 가정에서 나오는 음식쓰레기, 먹다 남은 폐기식품, 벌채하고 남은 나뭇가지, 폐목재, 배설물 등이 있습니다. 이러한 것들은 양적으로 너무 많기 때문에 자연의 분해력으로는 감당할 수 없어 소각하거나 처리장에서 분해하여 강으로 흘려보내거나 그대로 매립합니다.

둘째, 자연의 힘으로 분해하기 어려운 인공물이 있습니다. 공업제품에 포함되어 있는 화학물질, 중금속, 플라스틱, 방사성물질 등이 바로 그것입니다. 대부분의 가전제품들은 유기물과 이러한 물질들의 조합으로 구성된 경우가 많은데, 이에 대한 분해처리법으로는 다양한 방법이 필요합니다.

셋째, 광범위하게 확산되어서 회수하는 것 자체가 곤란한 물질도 있습니다. 그러한 예로는 PM2.5(2.5㎛; 마이크로미터 이하의 입자상물질)와 마이크로 플라스틱처럼 미세한 입자가 대기 중에 배출되거나 유기수은이나 다이옥신, 방사성물질 등 유해한 물질이 바다와 하천, 대기로 배출되어 확산하는 경우를 들 수 있습니다. 일단 배출되어 확산되어 버리면 이것을 회수하는 것이 매우 어렵기 때문에 이러한 확산형의 배출물들은 신속하게 대처해야만 합니다.

▶ 생태계에서 축적되어 분해와 순환이 곤란한 것에 의한 영향

(1) 금속류, 유기금속류

1960년대부터 현저한 4대 공해병 가운데 구마모토현(熊本県)과 니가타현(新潟県)의 미나마타병(水俣病), 도야마현(富山県) 진즈강(神通川)의 이타이이타이병이 이러한 원인에서 생겨났습니다(하나를 더 들자면, 석유공업지대에서 생긴 대기오염에 의한 미에현(三重県) 욧카이치(四日市)의 천식입니다).

미나마타에서는 1956년 화학공장에서 질소가 배수되는 과정에서 유기수은(메틸수은)이 원인이 된 신경성질환이 처음으로 보고되었습니다. 오염된 배수는 미나마타만에 흘러들어가 어패류들이 이를 섭취하여 몸속에 농축되었습니다. 그런 물고기를 많이 먹던 사람들에게 사지 말초신경의 감각장애, 운동실조, 언어장애, 수족 떨림 등의 증상이 나타나게 되어 많은 사망자들이 나오게 되었습니다. 나아가 니가타에서도 똑같은 환자들이 나타나 니가타 미나마타병이 생겨났습니다. 미나마타병은 아직 신청하지 않았거나 인정되지 않은 환자들도 여전히 많으므로 현재에도 그 인정기준을 둘러싸고 법정에서 다투고 있습니다.

1960년대는 많은 화학공장들이 충분한 처리를 하지 않고 하천이나 바다에 배수를 흘러버렸던 시절입니다. 더구나 다량으로 사용된 화학비료가 하천에 흘러들어가 어패류가 수은에 오염되었기 때문에 이를 섭취하는 사람들의 몸속에 수은이 많이 농축되어 있다고 합니다.

1910년대부터 1970년대에 걸쳐 기후현(岐阜県) 미쓰이(三井) 금속광업의 가미오카(神岡) 광산에서 미처리된 폐수에 의해 진즈강 하류지역의 도야마현(富士県)에서 이타이이타이병이 발생했습니다. 배수 중에 포함되어 있는 카드뮴에 오염된 쌀과 야채를 섭취하거나 물을 마셔 신부전(腎不全)이나 빈혈, 뼈가 약해지는 등의 증상이 나타난 것입니다.

아시오(足尾) 광산의 광독(鑛毒)사건도 잘 알려져 있습니다. 메이지(明治)시대 초기부터 와타라세강(渡良瀬川) 주변에서 배기가스, 배수 등에 동, 납, 카드뮴, 아산화철, 유황 등 많은 중금속물질과 독성물질이 유출되어 산성비가 내리고 어패류가 죽고 나무들과 농작물이 고사하게 되었습니다. 일본에서는 최초의 광독사건이 되어 100년 공해라고 불리게 되었는데, 2011년에 발생한 동일본대지진에서도 와타라세강 하류에서 기준치를 넘는 납이 검출되어 현재에도 영향이 남아 있습니다.

현재 공해대책기준법과 환경법 등에 의하여 수질오염의 환경기준치가 정해져 있어 각종 시설에서 배출되는 폐기액체들은 정기적으로 조사되고 있습니다. 특정물질을 포함한 폐기액체는 회수되어 처리되고 있는데, 광산과 같이 대규모로 하천을 오염시키는 것에 대하여는 제대로 처리하기가 어렵기 때문에 계속해서 주시해야 합니다.

미나마타병의 실태를 배운다

미나마타병은 중공업과 화학공업을 중시한 역사적 배경 속에서 환경에 대한 책임의식이 희박한 시대에 발생했습니다. 심각한 증상이 나타났지만, 원인을 모른 채 감염된다는 등 잘못된 공포심과 유력기업에 대한 충성심에서 오는 차별, 보상금을 노린다고 하는 중상모략 등 사회적으로 많은 문제점이 드러난 사례입니다. 원인에 대하여도 연구자들 사이에 의견 차이가 있어 이를 해명하는 데에도 시간이 오래 걸려 아직까지도 과제가 남아 있습니다. 현재에도 인정기준이 애매한 탓에 아직도 인정받지 못한 사람들이 많습니다. 이 사건은 일본의 공해문제의 다면성을 생각해 보는 계기가 되었습니다. 미나마타병에 대하여는 많은 기록과 증언집, 해설서가 있습니다. 예컨대, 소설가 이시무레 미치코(石牟礼道子)의 『고해정토 우리들의 미나마타병(苦海浄土 わが水俣病)』(講談社文庫)은 미나마타병 환자의 목소리를 그 지방의 말로 듣고 기록해둔 책입니다. 또 의사인 하라다 마사즈미(原田正純)가 지은 『미나마타병(水俣病)』(岩波新書)을 통해 미나마타병의 설명과 기록, 배경, 병의 원인의 해석과정과 그 후의 문제 등을 알 수 있습니다. 이는 단지 과거의 문제에 그치는 것이 아니므로 아무쪼록 우리들의 장래를 향한 교훈으로 일독하실 것을 권해 드립니다.

秋山豊子(이키야마 토요코)

(2) 플라스틱류

많은 플라스틱류가 제품화되어 폐기되고 있습니다. 이러한 것들은 분해되기 어렵기 때문에 분리수거하여 소각하거나 원료로 다시 만들어 재활용하고 있습니다. 1980년경부터 플라스틱류를 저온에서 소각함으로써 맹독성 다이옥신이 발생되어 문제가 되고 있습니다. 1999년 다이옥신류 대책 특별조치법이 시행하면서 소각로가 크게 개선되어 다이옥신의 방출이 감소되었습니다. 한편, 페트병이나 플라스틱류는 불법투기되는 경우가 많아, 바다나 하천에 흘러 들어가 오염되거나 피해가 발생되고 있습니다. 바닷속 비닐봉지를 해파리로 잘못 알고 이를 먹고 질식하거나, 바다거북의 위 속에 축적되어 먹이를 먹지 못하기도 합니다. 다양한 종류의 플라스틱류 끈이 잘게 부서져 실 모양이 되어 새의 다리나 날개에 휘감겨 새들에게 큰 위협이 되고 있습니다. 게다가 잘게 부서진 입자들은 미세플라스틱이 되어 바람에 날려 지구 곳곳에 확산되고 있습니다. 이와 같은 불법투기에 의한 생물과 환경침해를 줄이기 위해서도 가능한 한 분리수거하여 재활용하는데 힘써 확산되지 않도록 하는 것이 중요합니다.

최근에 페트병 소재의 한 종류(PET)를 분해하여 영양원으로 하는 세균이 발견되어 플라스틱도 자연의 순환계에 들어갈 가능성이 생겼습니다. 새로운 전개라고 하지 않을 수 없습니다. 이러한 발견은 기술발전에 따른 환경문제의 해결법이 변화되어 간다는 점, 그리고 이로 인해 다양한 시점, 유연한 발상이 필요하다는 점을 실감이 나게 합니다.

(3) 방사성물질

2011년 동일본 대지진으로 사고가 일어난 후쿠시마(福島) 제1원자력 발전소에서는 1, 2, 3호기가 사고 후 2~3일 사이에 연료봉이 다 녹아버리게 되었습니다. 현재에도 냉각수를 계속 붓고 있고, 지하수도 원자로의 격납고를 둘러싼 건물에 흘러 들어가고 있어 하루 260톤의 방사성 오염수를 만들어내고 있습니다. 대량으로 계속 증가하고 있는 오염수의 보존법이나 장소도 앞을 내다볼 수가 없습니다. 폐기하기까지 약 40년이나 되기 때문에 우리들의 공동과제가 되고 있습니다. 이러한 현상을 보면, 방사성물질의 처리에 관해서는 답이 없는 상태라고 할 수 있습니다. 원자력발전에 대해서는 우리 모두 함께 생각해 봐야 할 문제입니다.

(4) 기타 독성물질

1960년대부터 세계적으로 환경오염물질의 하나로서 「환경호르몬」이 문제가 되고 있습니다. 이는 야생동물들의 번식이 정상이 아닌 것에서부터 주목을 받기 시작했는데, 성호르몬의 작용을 혼란스럽게 하여 생식기능에 영향을 주고 있습니다. 환경호르몬에는 어망에 도색되어 있는 트리부틸틴(TBT), 살충제인 DDT, 내열절연체인 PCB, 계면활성제의 원료, 플라스틱제품의 원료 등이 포함됩니다. 그러나 이들의 대부분이 사용이나 제조가 금지되어 있기 때문에 환경오염농도는 낮아지고 있습니다. 현재 이러한 PCB나 오존층 파괴에 관련된 프론 등 환경에 악영향을 주는 물질을 포함한 가전제품이나 자동차, 에어컨 등은 확산되는 것을 방지하기 위하여 폐지방법이 정해져 있습니다.

담배에 포함되어 있는 니코틴은 이전에는 바퀴벌레나 쥐의 구제약으로 사용되었는데, 이는 청산가리에 필적하는 맹독성 물질입니다. 담배꽁초를 함부로 버리는 것은 거기에 포함되어 있는 니코틴이 그대로 토양과 하천에 스며드는 것이므로 흡연자들은 제발 이를 불법투기하지 말아 주시기 바랍니다.

우리들은 이 지구상에서 계속 지속가능하게 살아가기 위해 순환할 수 없는 인공물에 의한 오염을 가능한 한 줄여서 다른 다양한 생물의 순환을 지켜내야만 합니다.

▶ 3R 전에 의식해야 할 점들

지금까지 설명한 바와 같이, 인간의 문명이 발전함에 따라 인공물의 종류와 양이 증가해 가고 있어 지구의 물질순환의 유지에 큰 문제가 생기고 있습니다. 그래서 폐기물에 대한 대처법으로서 흔히 「3R」을 들고 있습니다. 즉, 'Reduce'(폐기물의 감량), 'Reuse'(재사용), 'Recycle'(재활용)이 바로 그것입니다. 'Reduce'는 폐기물이 되는 불필요한 포장지와 물품을 생략하는 것으로, 무료의 비닐봉지를 배포하지 않고 시장바구니를 보급하는 것 등으로 이어집니다. 'Reuse'는 그대로 중고품으로 재사용하는 것으로서, 오래된 옷이나 선물 받은 것은 벼룩시장이나 인터넷 경매사이트 등에서 상당히 넓게 받아들여지고 있습니다. 일본에서는 예전부터 맥주병이나 술병을 회수하여 재사용하고 있습니다. 중고차나 중고가구 등은 재활용가게에서 취급되고 있는데, 실제로는 'Reuse'에 해당하는 것입니다. 'Recycle'은 소재를 그대로 다시 만들어 사용하는 것이므로, 알루미늄캔이나 기타 금속류, 수선해서 입은 오래된 옷, 신문지나 종이로 된 쇼핑백으로부터 다시 만든 재생지, 골판지 등이 이에 해당합니다. 최근에는 각종 재활용제품이 나오고 있으므로 소비자들도 친환경상품을 선택하는 것이 대세가 되었습니다.

기타 폐기물로 이러한 'Reuse', 'Recycle'의 경로에 들어가지 않는 것, 또는 몇 가지 소재가 합쳐져서 분리하기 어려운 것 등 필요 없게 된 폐기물은 소각하거나 매립하는 것이 주된 처리법입니다. 현재 소각의 경우, 이산화탄소와 다이옥신의 배출을 줄여야 하기 때문에 고온의 소각로를 이용하고 있습니다. 매립의 경우에는 3R의 사상이 널리 퍼지게 됨에 따라 폐기물을 줄이고 있어 매립지가 더 이상 없게 되는 위기 상황도 점차 완화되고 있습니다. 하지만 오랜 기간 그 속에 포함된 유해물질이 용출되어 토지나 수질을 오염시키는 경우가 발생하고 있습니다. 이와 같이 인공물에는 지구의 순환계 속으로 되돌리는 것이 어려운 것이 많으므로 소각이나 매립도 문제가 되는 경우가 많습니다. 이러한 인공물들을 지구에 대한 부담을 가볍게 하여 순환계로 들어오게 하는 데에는 어떤 방법이 있을까요?

앞으로는 최종적으로 불필요하게 된 때, 자연 속에서 생물이 이용할 수 있는 형태로 분해하여 자연의 순환리사이클 속으로 되돌리거나, 자연 속의 일부분이 될 수 있도록 제품을 개발·생산할 때 미리 생각해 두어야 할 것입니다. 건물과 제품, 화학물질을 어떻게 부수고 분해할 것인가를 계획하고, 재료마다 리사이클하기 쉽도록 분해·회수방법을 처음부터 검토해 둔다면, 인간에 의한 물질순환이 보다 잘 구축될 수 있을지도 모릅니다.

— 秋山豊子(아키야마 토요코)

1.3 경제구조를 지탱하는 자연순환

▶ 소비자와 생산자의 경제순환

경제학은 경제순환의 구조를 해명하는 학문입니다. 순환현상을 이해하는 것이 경제학의 목적이지요. 크게 나누어볼 때, 경제사회에는 소비자와 생산자라고 하는 두 등장인물이 있습니다. 경제의 구조라는 것은 이 두 등장인물 사이에서 물건이 계속 흐르는 순환메커니즘입니다.

소비자는 노동력을 가지고 있지만 그것을 사용하여 무언가를 생산하는 기술은 가지고 있지 않습니다. 그래서 생산기술을 가지고 있지만 노동력을 가지고 있지 않은 생산자에게 노동력을 제공합니다. 물론 무료로 하지는 않지요. 노동력을 제공하는 양에 따라 임금을 받습니다. 생산자는 소비자로부터 제공받은 노동력을 사용하여 생산물을 만듭니다. 만들어진 생산물은 소비자에게 팝니다. 이때 대가를 받는 것은 당연하지요. 소비자가 노동력을 건네주고 임금을 받는 것으로 생산자로부터 생산물을 사서 소비를 합니다. 소비를 함으로써 만족감을 얻습니다. 소비자가 건넨 노동력을 생산물로 전환하고, 소비자에게 건네진 것이 생산자가 활동한 결과입니다. 소비자가 만족감을 얻기 위하여 생산자가 행동하는 것입니다.

이러한 흐름을 원활하게 하기 위한 관건이 <그림 1.7>에 나타난 임금과 대가입니다. 임금이 생산자에게 불리(유리)하게 높아지면 임금이 낮아지고(오르고), 대가가 불리(유리)하게 높아지면 올라갑니다(내려갑니다). 임금이나 대가가 모두 가격입니다. 가격이 상승하거나 하락하는 것으로 소비자와 생산자 사이의 노동력과 생산물의 흐름이 원활하게 되도록 합니다.

물론 실제의 경제는 이 그림에서 표현된 것만큼 단순하지 않고 굉장히 복잡합니다. 소비자와는 거래하지 않고 기업 사이에서만 거래하는 생산자도 있습니다. 바로 비즈니스 대 비즈니스의 의미에서 BtoB형이라고 부르는 기업이 그것입니다. 또한 물건을 만드는 생산자와 소비자 사이를 연결하는 유통업자와 같은 존재를 생각할 수 있습니다. 그러나 그와 같은 BtoB형 기업과 유통업자도 넓게 생산자로 본다면, 경제의 본질적인 움직임은 <그림 1.7>로 표현할 수 있습니다.

[그림 1.7] 경제순환의 구조

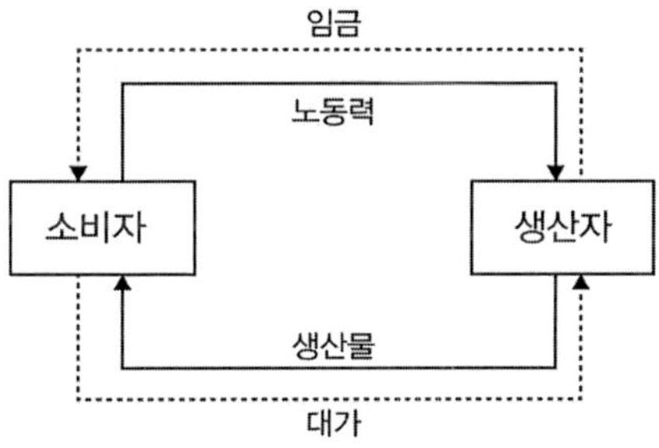

경제학에서는 노동력과 생산물의 흐름이 소비자에게 바람직한 상태가 되도록 가격이 조정되고 있다는 것을 증명하고 있습니다. 예전에 애덤 스미스가 「보이지 않는 손」이라고 불렀던 것은 현대의 경제학에서

는 가격 메커니즘 또는 시장 메커니즘이라고 부를 수 있습니다. 가격의 움직임에 따라 경제순환의 구조가 잘 돌아가는 것, 거기에서는 소비자의 만족도가 가장 효율적으로 조정할 수 있다는 것을 알 수 있습니다.

경제는 시장 메커니즘에 의하여 가장 효율적으로 기능하기 때문에 정부나 권력자가 강제적으로 경제에 개입하는 것은 바람직하지 않습니다. 만약 정부가 개입한다고 한다면, 다음과 같은 경우일 것입니다.

① 시장 메커니즘이 제대로 기능하기 위한 근본조건으로서의 안전을 확보하는 경우

② 시장에서 시장 메커니즘이 기능하지 않게 되는 문제가 발생할 때 그 문제를 해결하는 경우

③ 예외적으로 시장 메커니즘에서 해결할 수 없는 문제가 있는 경우

①에 대하여는 애덤 스미스 시대부터 강조되어 온 것입니다. 시장이 잘 기능하기 위해서는 사람들이 안심하고 생활하는 것이 대전제가 됩니다. 국방을 위한 군대와 치안 확보를 위한 경찰 등을 정부가 준비하는 것은 반드시 필요한 것입니다. 무력이나 완력의 위협에 대한 준비뿐만 아니라 지능적인 범죄에 대응할 필요도 있습니다. 법률을 정비하여 경제거래에서 속임수를 쓰거나 속임을 당하지 않도록 하는 것도 정부가 할 역할입니다. 법률의 실효성을 확보하기 위한 재판제도도 당연히 필요하겠지요.

②의 예로서는 독점과 불완전정보에 대한 대응이 있습니다. 실제의 경제에서는 일부의 사람들이 경제력을 장악하고 가격을 자유롭게 설정할 수 있는 경우가 많습니다. 그런 경우에는 사람들의 이해관계를 조정하는 시장 메커니즘은 작동하지 않게 됩니다. 가격이 유연하게 움직이는 것이 시장 메커니즘에서 필수적이기 때문입니다. 어떤 생산활동을 독점하는 것은 그 생산물의 가격을 지배할 수 있다는 것을 의미합니다. 독점에 의해 시장 메커니즘의 작동이 둔화되지 않도록 정부가 어떠한

규제를 만들 필요가 있게 됩니다.

사실 시장 메커니즘이 제대로 기능하기 위해서는 정보가 완전한 것도 중요합니다. 불완전한 정보, 잘못된 정보 속에서 사람들이 판단하는 경우, 시장 메커니즘만으로는 최적의 상태가 실현될 수 없습니다. 경제순환이 잘 기능하지 않게 되는 것이지요. 경제사회가 복잡하게 된 현대사회에서는 사람들이 모든 것에 대하여 완벽한 정보를 가질 수 없게 됩니다. 그래서 정부가 가능한 한 정보를 알기 쉽게 사람들에게 제공해야 합니다.

③은 「시장의 실패」라고 부르는 문제와 관련된 것입니다. 시장의 실패에서 가장 유명한 것은 외부성입니다. <그림 1.7>에 나타난 경제순환에서 보면, 사람들 간의 물건의 흐름에는 반드시 가격이 관련되어 있습니다. 그런데 실제의 경제사회에서는 가격과는 관련 없는 관계들이 많이 있습니다. 예컨대, 인근에 공장이 들어서서 거기에서 매연이 뿜어져 나와 사람들의 건강에 피해를 주는 문제를 생각해 볼 수 있습니다. 피해를 받은 사람은 그 매연을 시장에서 산 것도 아니고, 문제 발생 후에 공장의 경영자가 시장을 통하여 보상하는 것도 아닙니다. 시장을 통하지 않는 관계가 형성되어 불이익이 생겨난 것입니다. 시장 외부에서의 거래가 원인이 되어 있는 이러한 문제를 「외부성」이라고 합니다. 외부성에는 나쁜 효과를 가진 것만이 아니라 서로 좋은 영향을 미치는 것도 있습니다. 예컨대, 이웃에 양봉업자가 와서 자신의 농작물들이 더 잘 자라게 되는 경우를 생각해 볼 수 있습니다. 그러나 실제 경제사회에서 문제가 되는 것은 누군가의 경제활동이 다른 사람에게 나쁜 효과를 주는 경우겠지요. 대부분의 환경문제는 이러한 나쁜 외부성이 원인이 되어 발생합니다.

▶ 자원 · 폐기물은 무료가 아니다

<그림 1.7>에서 생산자는 소비자로부터 받은 노동력만을 사용하여 생산활동을 하는 것으로 되어 있습니다. 실제의 생산활동에서는 노동력뿐만 아니라 다양한 자원을 이용해야 합니다. 생산이라는 것은 노동력을 사용하여 자원을 다른 형태의 생산물로 변형시키는 것을 말합니다.

종래의 경제학에서는 자원이 무료라고 생각했습니다. 많은 기업들은 자원을 가지고 있는 사람으로부터 자원을 사기 위하여 돈을 지불해야 했는데, 자원을 파는 사람은 자연에서 무료로 자원을 손에 넣을 수 있었습니다. 물론 석탄을 채굴하기 위해서는 돈이 필요합니다. 채굴기와 채굴한 석탄을 운반하기 위해서는 돈이 듭니다. 이것들은 인간사회 속에서의 거래입니다. 원래 석탄이 매장되어 있는 자연에게는 아무런 것도 지불하지 않지요. 그런 의미에서 자원은 무료였던 것입니다.

마찬가지로 경제위기순환 속에서 발생하는 폐기물은 자연이 무료로 받아준다고 하는 발상도 있었습니다. 경제활동에서 쓰레기=폐기물은 반드시 발생합니다. 이 폐기물의 처리비용은 인간들 사이에서의 교환활동에서 발생하겠지만, 폐기물의 저장과 재활용을 자연에 맡겨도 거기에서는 비용이 발생하지 않습니다. 예를 들자면, 음식물쓰레기는 자연에 그냥 버려도 될 것입니다.

전통적인 경제학에서는 소비자와 생산자 사이에서 발생하는 경제순환만을 고려합니다. 자연에서 자원을 얻는다는 것이나 자연에 대하여 폐기물을 배출하는 것도 모두 무료로 할 수 있다는 생각에서입니다. 정부의 개입이 필요한가 아닌가에 관한 지금까지의 논의는 모두 자연과의 주고받음이 무료라고 하는 생각에 근거하고 있습니다.

인간의 경제활동규모가 크지 않았을 때는 그것이 그다지 상관없었습니다. 인간의 활동에 비하여 자연은 커다란 존재였고, 충분히 자원을 공급해줄 수 있었으며, 폐기물을 받아주었습니다. 이른바 환경용량이 컸던 셈입니다. 대부분의 폐기물은 자연 속에서 분해되고, 다시 인간에게 자원이 되어줍니다. 인간이 리사이클이라는 것을 명확하게 인식하지 않아도 자연의 포용력이 컸었음으로 자원은 리사이클 되었던 것입니다.

경제가 성장하여 경제활동의 규모가 커지게 되자 자연과의 주고받음이 무료라고 생각했던 것에 무리가 생기기 시작했습니다. 특히 폐기물이 문제가 되었습니다. 인간이 배출하는 폐기물의 양이 상당히 커졌기 때문에 자연력만으로는 재자원화하는 것이 충분치 않게 되었습니다. 생태계 속에서 쓰레기를 분해하고, 다시 인간에게 자원이 되도록 해주는 힘에는 한계가 있습니다. 인간이 재자원화하기 위한 연구를 하여 생산하지 않으면 리사이클이 불가능하게 되었습니다.

이와 같이 볼 때 <그림 1.8>에서 정리한 바와 같이, 경제순환의 바깥에는 자원을 공급하는 기능, 폐기물을 수용하는 기능, 폐기물을 재자원화하는 기능의 세 가지가 있게 됩니다. 지구에 본래 있던 자원은 유한합니다. 자원을 계속적으로 공급하기 위해서는 폐기물을 다시 한번 자원으로써 사용하도록 리사이클하는 기능이 중요합니다. 인간이 배출하는 쓰레기를 분해하고, 그것을 자원으로 하는 기능이 생태계에는 있었습니다. 쓰레기 속에는 다시 자원으로 할 수 없는 것도 있습니다. 그러한 것들은 자연 속에 저장하게 됩니다. 인간의 경제활동규모가 커졌기 때문에 폐기물을 재활용하는 비율이 낮아지게 되어 그대로 저장하는 부분이 커지게 되었습니다. 그런데 그대로 저장하기 위해서도 토지가 필요합니다. 일본에서는 1990년대가 되자 저장을 위한 토지가 고갈되어 갔습니다.

[그림 1.8] 경제순환을 지탱하는 자연순환

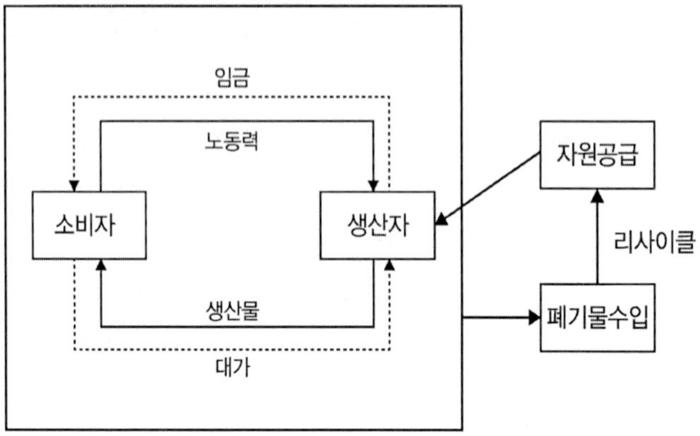

인간의 경제활동규모가 크지 않았을 당시의 경제와 자연 사이에서의 순환구조를 현대적인 형태로 부활시킬 필요가 생겼습니다. 예전처럼 자연순환에 맡겨두는 것으로는 지속성이 없으므로 경제순환을 지탱하는 자연순환의 구조가 지속적으로 되도록 하기 위해 경제활동의 본연의 모습을 재편성할 필요가 생긴 것입니다.

다음과 같은 대책들을 생각해 볼 수 있을 것입니다.

우선 생산을 할 때, 가능한 한 자원을 사용하지 않도록 하는 것입니다. 똑같은 만족을 얻기 위해서 예전처럼 많은 자원을 사용하는 것이 아니라 가능한 한 자원을 적게 사용해야 합니다. 그러나 이것만으로는 자원이 멀지 않아 고갈될 것입니다.

그래서 재자원화를 자연순환에 맡길 것이 아니라 인간의 경제활동 속에 집어넣는 것을 생각하게 되었습니다. 자연에 맡기면 돈이 들지 않은 것을 인간의 경제활동 속에 끌어넣었기 때문에 어떤 방책이 필요합니다. 자연순환에 맡기면 경제가 결국에는 성립하지 않게 되는 것처럼 위기감을 자극하여 인간들의 행동을 변하게 하는 것도 하나의 방법입니다. 그러나 현실세계에서 인간들의 행동을 변하게 하려면 잘 모르는 장래에 대한 경고가 아니라 현재의 시점에서의 이해관계에 호소하는 것이 현실적이라고 생각하는 것이 경제학의 발상입니다. 예컨대, 자연순환 속에 버려도 비용이 든다고 한다면, 경제순환 속에서 재자원화하는 쪽이 이득이 될 가능성이 있습니다.

구체적으로는 법률에 의해 리사이클하는 편이 이익이 되도록 인간의 행동을 변하게 하는 것입니다. 법률로 폐기물을 리사이클하게 하는 것을 의무화하는 것은 그렇게 하지 않으면 인간의 행동이 변하지 않기 때문입니다. 경제순환의 구조는 가격에 의한 조정으로 움직이는 것이 기본이고, 정부의 개입은 한정적인 경우에 한한다고 말했습니다. 경제순환과 자연순환이 지속적으로 연결되어 가기 위해서도 정부의 개입이 필요하게 됩니다. 리사이클이 진행되도록 경제구조를 자동으로 변하게 하는 것이 아니라, 법률에 의해 의무지우는 형태로 정부가 개입함으로써 리사이클이 진행되도록 하고 있는 것이 현재 상황입니다. 한 사람 한 사람의 국민이 먼 상래의 것까지 바라보고 행동할 수 있다면 정부의 개입 없이도 순환형사회가 만들어질 것입니다. 국민 전원이 그러한 높은 의식을 갖지 않아도 순환형사회가 만들어지도록 하기 위해서는 법률에 의한 규제를 할 수밖에 없을 것입니다.

— 大平 哲(오오히라 사토시)

대 담

1.4 가까운 문제부터 생각한다

— **로쿠샤(六車, 법학)** 이렇게 보면 순환형사회의 실현을 목표로 하는 법률에 관하여 생각해야 한다는 것은 법학의 틀을 넘어 경제학, 나아가 사회과학에서부터 자연과학으로 범위를 넓혀가는 것입니다. 순환기본법은 법률의 하나이고, 법률 중에서도 「환경법」이라는 분야에 들어 있습니다. 그러나 세상에는 법률만이 아니라 정치, 경제, 과학, 예술, 오락 등 다양한 분야와 얽혀있어 그와 관련되어 있는 사람도 다양합니다. 회사원, 자영업자, 공무원, 교사, 가수와 배우, 소설가 등등 많은 사람들이 있지만 그 누구라도 무언가 어떤 물건을 가지고 있고, 무언가를 먹습니다. 그것들에는 원재료가 있고, 다 써버린 물건, 먹고 남은 것 등이 나오게 됩니다. 순환형사회를 목표로 할 때, 여기에서 말하는 물건의 리사이클에 대하여 어떻게 생각하면 좋을까요? 우리들 가까이에서 떠오르기 쉬운 것, 예컨대, 가전제품, 생활쓰레기, 건축자재의 순서대로 말씀을 나누어보시지요.

▷ 가전제품 - 확대생산자책임이라는 사고방식

— **고바야시(小林, 물리학)** 가전 리사이클법에 따라 세탁기, 냉장고, 냉동고, 에어컨, 텔레비전 등 대형 가전제품들은 소비자, 가전회사, 가전소매점이 제휴하여 회수한 후에 재활용할 수 있는 것은 재활용하도록 하는 시스템이 구축되었습니다.

— **로쿠샤** 가전 리사이클법의 정식 명칭은 「특정가정용기기 재상품화법」(特定家庭用機器再商品化法)입니다. 1998년 6월에 제정되어 2001년 4월부터 시행되고 있습니다. 회수된 가전제품은 리사이클공장에서 철저하게 세분화해서 부품과 원재료로써 사용할 수 있는 것은 사용하고, 사용할 수 없는 것은 폐기합니다. 「재상품화」를 첫째 목적으로 들고 있는 법률입니다.

— **고바야시** 가전회사도 가능한 한 재활용하기 쉽게 설계해서 폐기할 것을 최소화하고 용적과 용량을 적게 하도록 해야 한다고 생각합니다. 컴퓨터나 핸드폰 등도 가전소매점 등에서 회수하게 되어 있습니다. 리사이클을 지향하는 움직임이 생겨나고 있는 것입니다. 바로 「버리면 쓰레기, 분리수거하면 자원」이라는 말을 실현하는 것이지요.

— **스기모토(杉本, 물리학)** 생산자가 회수하고 재활용하는 구조를 구축해야 합니다. 그 근저에 있는 사고방식이 '확대생산자책임'입니다. 영어로는 "Extended Producer Responsibility", 약자로는 "EPR"이라고 합니다. 생산자가 제품의 라이프 사이클의 모든 것을, 즉 최종처분까지 책임을 지는 것으로 환경에 대한 영향을 감소시킨다는 것입니다. 생산자가 제품에 관한 기술을 가지고 있으므로 리사이클의 구조를 잘 연구하여 만들어낼 수 있습니다. 그러나 가전은 잘 될지 몰라도, 일용품이나 가구 등을 각 생산자가 전국에 회수시설을 설치하여 재활

용한다는 것은 비용적으로 볼 때 어려운 문제입니다. 또 리사이클하기 위한 비용을 제품 가격에 반영하면, 그것은 소비자에게 비용을 전가하게 되어 버립니다. 시장 메커니즘이 작동하여 리사이클 비용을 낮게 하는 상품이 경쟁에서 살아남을 수 있는 방향으로 나아가는 것이 이상적일 것입니다.

— **로쿠샤** 이를 위하여는 제품의 라이프 사이클의 과정을 통한 평가가 빠져서는 안 됩니다. 그래서 「라이프 사이클 평가」(life－cycle assessment)라고 하는 방법이 있습니다. 이것은 제품의 원재료를 조달할 때부터 생산·유통·소비·폐기·수송 등 모든 단계에 걸쳐 투입되는 자원, 환경에 미치는 부담, 지구와 생태계에 대한 잠재적인 영향을 정량적·객관적으로 평가하는 방법입니다. 일부분만이 아니라 전체를 보는 것으로서, 보다 환경을 배려하는 상품을 만들어 보자, 사회 전체에서 환경에 미치는 부담을 줄여보자라고 하는 생각입니다.

— **오오히라(大平, 경제학)** 가전 리사이클법과 확대생산자책임은 어떠한 관계에 있는 것일까요? 당연히 서로 연결되어 있는 개념입니다. 확대생산자책임이라는 사고방식이 고조되어 가전 리사이클법이 만들어졌다고 이해하면 될까요? 생산자가 책임을 진다고 하는 사고방식은 참으로 재미있는 생각인 것 같습니다.

— **아키야마(秋山, 생물학)** 옛날에도 빈 맥주병이나 소주병을 술집주인에게 가져다주곤 했었지요.

— **스기모토** 병 같은 것들은 유상으로 재활용하는 쪽이 저렴하기 때문에 리사이클 되었지요. 돈이 되는 것은 리사이클 되기 쉽지만, 그렇지 않은 것은 리사이클 되지 않습니다. 리사이클을 장려하기 위해서는 연구가 필요합니다.

— **오오히라** 생산자가 책임을 진다고 하는 구조는 이전에도 있었는데, 그것을 다시 구축한다는 것입니까?

—**고바야시** 확대생산자책임이라는 사고방식을 처음으로 채택한 것은 독일입니다. 용기포장에 처음 도입했지요. OECD국가에서는 1994년부터 확대생산자책임에 대하여 논의되기 시작했습니다. 2001년에는 그 성과로서 확대생산자책임에 관한 지침서가 작성되어 회원국에 배포되었습니다. 확대생산자책임은 OECD가 제창한 사고방식이라고 말할 수 있지 않을까요?

—**오오히라** 일본은 그 외압을 받아 채택했다고 봐야 하지 않을까요?

—**아오키(青木, 법학)** 일본에서는 재생자원이용촉진법이 1991년에 제정되었습니다. 이 법률에는 이미 기업이 리사이클을 촉진해야 한다는 규정이 들어 있었습니다. 개별적인 리사이클에 관하여 정한 법률 중에서 제일 먼저 만들어진 것이 용기포장 리사이클법인데, 1995년에 제정되었습니다. 페트병을 회수하는 장면이 떠오르는군요. 그 후에 제정된 것이 가전 리사이클법입니다. 순환기본법이 제정된 것은 2000년입니다. 그 무렵 건설 리사이클법과 식품 리사이클법, 자동차 리사이클법도 잇달아 제정되었습니다. 아까 얘기했던 재생자원이용촉진법도 대폭 개정되어 명칭도 자원유효이용촉진법으로 바뀌었습니다. 이처럼 시간순으로 나열해보면 확대생산자책임은 이전부터 일본에서도 의식되어 왔다고 생각합니다. 순환기본법이 제정되어 이러한 생각이 명확하게 채택된 것이지요. 이 법률은 국가와 지방공공단체, 기업, 국민의 책무에 관하여 규정하고 있는데, 제11조「사업자의 책무」에 확대생산자책임이 나타나 있습니다. 순환기본법은 이른바「기본법」이라고 불리는 법률입니다. 리사이클에 관한 기본적인 사고방식을 모은 법률이지요. 즉, 확대생산자책임이 리사이클을 지향하는 기본원칙이라는 것입니다. 이러한 흐름과 병행하여 좀 전에 소개한 OECD에서의 논의가 있었다고 생각합니다.

—**오오히라** 원래 생산자가 책임을 진다고 하는 것은 어떠한 사고방식일

까요? 실무상 그렇게밖에 할 수 없기 때문에, 그러한 사고방식이 된 것은 아닐까요?

—**아오키** 본래 불필요한 물건은 그것을 만들어낸 사람이 적절하게 처분할 책임을 지는 것입니다. 그런데 그렇게 해서는 쓰레기를 감량하거나 순환형사회를 실현하기가 곤란합니다. 왜냐구요? 일본에는 우선 오물을 처리하고 생활환경을 청결히 하기 위해 쓰레기에 관한 법률이 제정되어 있습니다. 그 후 폐기물처리법으로 바뀌어 생활환경의 보존과 쓰레기 배출에 관하여 규제하게 되었습니다. 당초에는 배출된 쓰레기를 적절하게 처리하여 해충이 발생되지 않도록 했던 것입니다. 그러나 한편으로는 쓰레기가 점점 더 쌓여만 갔습니다. 어찌되었든 쓰레기를 줄이지 않으면 안 되게 되었지요. 출구전략을 세우는 데에도 한계가 있으므로 입구전략을 세우지 않으면 안 되었습니다. 입구, 즉 물건을 만드는 곳에서 어떻게든 되지 않을까 하는 발상이었지요. 그래서 물건을 만든 사람이 그 물건이 버려지는 최후까지 책임을 지도록 발상을 전환한 것입니다. 이와 같이 확대생산자책임이라는 사고방식이 생겨난 것입니다.

—**로쿠샤** 지금은 순환형사회를 생각하는 기본원칙을 이야기하는 자리이기 때문에 정리해 보기로 합시다. 환경에 부담을 주는 행위의 책임은 누구에게 있을까요? 「더럽힌 사람이 깨끗이 해야 한다」, 「쓰레기 배출자가 적절하게 처리해야 한다」라는 생각이 먼저 떠오릅니다. 이러한 생각을 '오염자부담원칙'이라고 하는데, 영어로는 "Polluter-Pays Principle"(이를 줄여서 "PPP"라고 합니다)이라고 합니다. 「환경에 부담을 준 행위를 한 자는 그 영향을 제거하기 위한 비용을 부담해야 한다」는 사고방식이지요.

—**아오키** 실은 이것도 OECD에서 논의되었던 것입니다. 국제무역과 관련된 것이지요. 환경오염을 발생시킨 기업이 있다고 칩시다. 그 오염

을 제거하고 공해를 방지하기 위한 보조금을 국가가 낸다면 그 기업은 공해대책비용을 부담하지 않는 것이기 때문에 부당하게 유리하게 되어 국제경쟁을 왜곡시키는 결과가 되어 버리겠지요. 그래서 환경을 오염시킨 기업이 스스로 비용을 부담해야 한다는 것입니다.

— **로쿠샤** 오염자부담원칙은 환경보존을 위한 비용을 부담해야 할 자로서 최종적으로 환경에 부담을 준 자, 즉 오염자를 상정하고 있습니다. 이에 대하여 확대생산자책임은 무엇을 「확대」하려는 것일까요? 생산자도 생산하는 과정에서 환경에 부담을 줄 수 있기 때문에, 그 부분에 한해서 보자면, 본래 생산자가 책임을 져야 할 것이지만 생산한 제품이 소비자에 의해 폐기되어 그것을 시정촌(市町村)[4]과 같은 지자체에서 처리하는 단계에까지 생산자의 책임을 「확대」한다는 것입니다. 앞서 소개한 OECD의 지침서에 의하면, 확대생산자책임은 「제품에 대한 생산자의 물리적·경제적 책임이 제품 라이프 사이클의 사용 후 단계까지 확대된 환경정책상의 방법」이라고 정의되어 있습니다. 그리고 「지자체로부터 생산자에게 책임이 전가된다」, 「생산자가 제품설계에서 환경에 대한 배려를 한다」는 특징이 있습니다.

— **스기모토** 확대생산자책임의 사고방식을 채택한 것은 불법투기의 문제와 관련이 있습니까?

— **로쿠샤** 불법투기가 없어지지 않는 까닭은 여러 가지가 있을 수 있다고 생각합니다만, 처리하는 데 돈이 든다는 문제라고 한다면, 「환경보존을 위한 비용을 부담해야 할 자는 누구인가?」라고 하는 관점에서 관계가 있을 것입니다.

— **스기모토** 스스로 처리하면 돈이 들기 때문에 적당히 버리려고 하는 사람이 나오는 것이겠지요. 그래서 회수와 처리를 위한 비용을 미리 기업으로부터 받는 것이 좋다는 것이겠지요?

4) 시정촌(市町村)은 우리나라의 시, 군, 면 또는 읍과 유사하다고 생각하면 된다.

— **아키야마** 처음부터 제품가격에 회수비용과 처리비용이 들어 있다면 처리할 때 비용이 들지 않기 때문에 불법투기를 하지 않을 것이라는 억제효과를 기대해 볼 수 있지 않을까요?

— **로쿠샤** 단, 그러한 비용을 누가 부담하는가, 지불시점은 언제인가 하는 것은 제품에 따라 차이가 있을 것입니다. 가전 리사이클법에서 대상으로 하고 있는 제품의 경우에는 폐기할 때 소비자가 리사이클 비용을 지불합니다. 결코 싸지만은 않기 때문에 불법투기를 유발할 우려가 있다고 지적되고 있습니다. 컴퓨터의 경우, 「PC 리사이클 마크」라는 것이 있어서 이것이 붙어 있는 컴퓨터에 대하여는 회수비용·리사이클비용이 제품가격에 처음부터 붙어 있습니다.

— **아오키** 어지간한 종류의 제품에 대하여는 리사이클 구조가 만들어져 있음에도 왜 불법투기가 사라지지 않을까? 리사이클의 대상이 되지 않는 것도 텔레비전과 같은 내구성 제품의 폐기물로 시정촌에서 수거하고 있습니다. 물론 이와 같은 쓰레기를 회수하는 데에도 돈이 들지만 말입니다.

— **오오히라** 돈 문제만이 아니라 애당초 손을 쓸 수 없는 것도 있을 수 있다고 생각합니다. 예를 들자면, 비디오 레코드 같은 것은 일반 소비자가 적절하게 처리한다는 것은 도저히 불가능합니다. 생산자, 소비자, 행정기관이라고 하는 세 담당자로 나눌 때 일반 소비자가 리사이클한다는 것은 무리이지만, 생산자나 행정기관은 가능하겠지요.

— **아오키** 일반 소비자에게는 어렵겠지만, 생산자나 행정기관이 대신 리사이클하거나 적절히 처리할 수 있을 것입니다. 이를 위한 시스템도 있습니다. 단, 이러한 시스템을 알지 못하거나 쓰레기를 버리는 방법을 모르는 사람이 적지 않을지도 모릅니다.

— **오오히라** 음식쓰레기, 가전제품, 건축자재를 나란히 놓고 보면 그 성질은 상당히 다릅니다. 음식쓰레기는, 하려고 마음만 먹는다면, 비료

로 쓰든지 하여 소비자도 스스로 처리할 수 있습니다. 하지만 가전제품이나 건축자재는 소비자가 어찌해 볼 수 없을 것입니다. 단, 리사이클을 담당하는 사람으로서 생산자뿐만 아니라 행정기관도 생각해 볼 수 있는 것은 아닐까요? 왜 소비자가 책임을 져야 할까요?

— **고바야시** 역시 「쓰레기를 줄여봅시다」라고 하는 생각이겠지요. 회수한 제품을 재활용하기 쉽도록 생산단계에서 궁리해야 합니다. 그저 만들면 그만이라고 생각한다면 폐기해서 버릴 수밖에 없겠지요. 하지만 제품이 결국에는 자신에게 돌아와 재활용하게 된다면, 생산단계에서 쓰레기가 나오지 않도록 재활용하기 쉽게 연구를 해야겠지요.

— **오오히라** 순환형사회에서 생각해야 하는 것은 쓰레기를 해체하여 끝내는 것이 아니라 리사이클하는 것입니다. 「쓰레기」를 「제품」으로서 이용하기 위해서는 만드는 사람이 처리해야 할 책임을 져야 합니다. 쓰레기를 땅속에 묻는 것만이 처리라고 한다면, 행정기관이 하거나 생산자가 하거나 차이가 없겠지요. 리사이클을 위해서는 행정부가 아니라 생산자가 하는 편이 합리적입니다.

— **스기모토** 제품의 어디에 무엇을 사용하는가, 무엇을 넣었는가도 생산자라면 잘 알고 있기 때문입니다.

— **오오히라** 리사이클 할 수 없기 때문에 최종적으로 폐기한다고 하여도 제품의 구조를 잘 알고 있는 생산자가 하는 편이 좋겠지요.

— **고바야시** 리사이클 하기 쉬운 설계도 생각해야겠지요.

— **로쿠샤** 생산자는 보다 적은 비용으로 보다 좋은 품질의 제품을 생산하지 않으면 경쟁에서 이길 수 없습니다. 리사이클에도 관련이 있다고 한다면, 리사이클하는 데 드는 비용을 낮추지 않으면 소비사가 신택하지 않을 것입니다. 여러분 모두가 말씀하신 바와 같이, 생산자는 환경에 미치는 부담을 낮추도록 노력해야겠지요. 이것이야말로 확대생산자책임의 목적입니다.

— **오오히라** 제품을 만드는 사람의 발상을 바꾸기 위한 확대생산자책임이 바로 그것이지요.

입산료와 입장료를 한번 생각해 봅시다

자연의 풍경이 펼쳐져 있는 자연공원의 환경을 지키기 위하여 국가와 지자체는 각종 환경보존사업을 실시하고 있습니다. 그 일환으로서 등산로와 산책로를 정비하거나 산속에 화장실을 설치하기도 합니다. 이러한 것들은 등산객과 관광객들에게 안전하고 쾌적한 이용환경을 제공하기 위한 사업이기도 하고, 등산로와 산책로를 벗어나 나무나 식물을 마구 밟아 황폐화된 자연을 회복하기 위한 사업이라고 할 수 있습니다. 이러한 사업에 드는 비용은 누가 부담해야 할까요?

이 문제에 대하여는 일반적으로 수익자 부담 · 원인제공자 부담이라고 하는 생각이 있습니다. 이익을 보는 자에게 수익에 따른 비용을 부담하게 하거나 비용의 원인을 만든 사람에게 그 부담을 지우게 하는 것입니다. 「후지산 보전협력금」 등의 예에서 볼 수 있는 입산료나 입장료는 이러한 사고방식에 기초하고 있는 것인데, 실제는 일부의 지역만이 도입하고 있을 뿐입니다. 2014년에는 「지역자연자산구역에서의 자연환경의 보존 및 지속가능한 이용의 추진에 관한 법률」(약칭 지역자연자산법)이 제정되어 입산료와 입장료 등(이 법률은 「입역료」(入域料)라고 하고 있음)을 활용하여 지역의 자주적인 환경보전의 대처방안을 세워놓고 있습니다.

青山淳一(아오키 준이치)

▷ 생활쓰레기 - 소비자가 할 수 있는 것 -

— **고바야시** 생활쓰레기의 경우 일본은 공중위생에 무게를 두고 있습니다. 각 가정에서는 음식을 만들면 음식물쓰레기가 생기기 마련이지요. 습기가 많은 일본에서는 음식물쓰레기가 금방 부패하여 냄새가 고약하게 납니다. 집이 서로 비좁게 붙어있기 때문에 밖에 쓰레기를 둔다는 것도 폐를 끼치게 되어 곤란하지요. 원칙적으로 태워버리기 쉽게 하기 위해서는 음식물쓰레기를 건조한 후에 태우면 좋겠지만, 건조할 장소도 마땅치 않고, 건조하는 데 또 에너지를 사용한다는 것 자체가 본말이 전도되는 것이겠지요. 대체로 그대로 태우기 때문에 연소온도도 높아지지 않습니다. 「열에너지를 끄집어내기」는커녕, 「쓰레기를 처리한다」고 하는 정도에 그치고 말지요. 한편, 미국에서는 음식물쓰레기를 비료화하는 작업이 진행되고 있습니다. 또 얼마간의 음식물쓰레기는 부엌 싱크대에서 디스포저(disposer)라고 하는 기계로 갈아버려 하수구로 흘려보내기 때문에 가정에서 나오는 음식물쓰레기의 양이 상당히 적습니다. 맞벌이부부의 비율이 높아짐에 따라 집에서 밥을 해 먹을 기회도 적어지므로 밖에서 사 온 피자나 샌드위치 등을 싸는 종이용기를 버리는 경우도 많습니다. 일본에서도 맞벌이부부의 비율이 높아지면 생활쓰레기의 형태가 바뀔지도 모릅니다.

— **아키야마** 디스포저를 사용하면 음식물쓰레기를 줄일 수는 있겠지만, 하수도에 상당한 고영양물이 흘러가기 때문에 하수처리 단계에서 환경에 상당한 부담을 줄 수 있다고 생각합니다. 고형물의 음식물쓰레기로 폐기하는 쪽이 환경에는 더 좋지 않을까요?

— **스기모토** 음식쓰레기와 석유화합물 등 유기화합물은 주로 탄소와 수

소로 만들어져 있습니다. 쓰레기를 태우면 이산화탄소가 되어 지구 온난화의 원인이 됩니다. 세균(박테리아)으로 분해하는 경우에도 마찬가지로 이산화탄소가 나오고, 자칫 잘못하면 메탄가스가 나오게 되어 오히려 역효과가 됩니다. 본래 유기화합물에 포함되어 있는 탄소의 양은 연소하거나 분해하여도 보존되므로 변하지 않습니다. 퇴비로 해서 식물을 키우면, 배출된 이산화탄소를 식물이 흡수한다는 의미에서 카본 뉴트럴(carbon neutral)[5]이 될 수 있지만, 집이 작은 일본에서는 비료를 잘 사용하는 것도 쉽지 않습니다. 그래서 우선 중요한 것은, 가능한 한 음식물쓰레기를 배출하지 않는다는 것이라고 생각합니다. 또 쓰레기를 줄인다는 관점에서 비닐봉지비를 받게 하는 등 쓸데없는 포장이나 용기를 줄여가는 방향으로 가고 있으므로 매우 좋은 현상이라고 봅니다.

— **오오히라** 이와 같이 생각해보면 생활쓰레기, 특히 음식물쓰레기와 같은 것은 상당히 이질적인 것이군요. 확대생산자책임이라는 것을 생각하기 어려울 것 같습니다.

— **스기모토** 그러한 발상이 익숙하지 않은 분야이지요.

— **고바야시** 생활쓰레기 가운데에서도 우유팩 같은 것은 리사이클 할 수 있겠지요. 우유팩에는 깨끗하게 절개할 수 있는 방법이 쓰여 있거든요.

— **아키야마** 그것은 매우 좋은 펄프재료가 됩니다.

— **가나야(金谷, 생물학)** 골판지상자도 예전에는 금속으로 된 연결부분이 있었습니다만, 지금은 거의 볼 수 없지요.

— **로쿠샤** 음료용 종이팩이나 골판지상자도 용기포장 리사이클법에서

5) 카본 뉴트럴이란 직역을 하면 탄소중립이라는 뜻인데, 이는 무언가를 생산하거나 일련의 인위적 활동을 할 때 배출된 이산화탄소와 흡수된 이산화탄소가 같은 양이라는 말이다.

분리수거하여 리사이클 하는 것이 의무입니다. 「생활쓰레기」라고 해도 음식물쓰레기처럼 리사이클의 대상이 되지 않는 것도 있고, 종이팩과 골판지상자처럼 리사이클할 수 있는 것도 있습니다.

— **아키야마** 일본을 포함한 선진국의 슈퍼마켓이나 편의점 또는 음식점 등에서 나오는 폐기식품(식품낭비)도 문제입니다. 일부는 사료나 비료가 되지만, 사회 전체에서 식품낭비가 나오지 않도록 음식물에 대한 사고방식을 바꾸어야 할 필요가 있다고 생각합니다.

— **로쿠샤** 제조·유통·외식이라고 하는 식품 관련 사업자들이 배출하는 식품폐기물의 경우는 식품 리사이클법이라고 하는 법이 있어서 사업자에게 식품폐기물의 발생억제·재생활용을 촉구하고 있습니다. 일반가정에서 배출되는 음식물쓰레기에는 리사이클 하는 것이 법률상 의무가 아닙니다. 그렇다고 해서 아무것도 하지 않고 있을 수는 없겠지요.

— **아오키** 음식물이 넘쳐나 너무나도 풍족한 세상입니다. 우리들은 그 혜택을 받고 있습니다. 그러나 동시에 버려지는 음식물도 상당한 양입니다. 식품 리사이클법은 직접적으로는 사업 분야의 음식물쓰레기를 규제하고 있지만, 슈퍼나 편의점에서 음식물을 사고 레스토랑에서 외식하는 것은 소비자입니다. 소비자 한 사람 한 사람이 리사이클이라는 의식을 갖도록 해야만 한다고 생각합니다.

— **아키야마** 지금은 환경교육이 상당히 보급되어 있습니다. 자원봉사활동으로 쓰레기줍기를 할 기회도 많이 생겨나고 있습니다. 학생들도 이러한 활동에 적극적이지요.

— **오오히라** 환경에 대한 소비자의 의식을 높인다는 관점에서 볼 때, 앞서 언급한 우유팩처럼 생산자가 리사이클에 관하여 설명하도록 하는 제품이 있습니다. 그렇다면 음식물쓰레기에 대하여는 어떻게 생각하는 것이 좋을까요?

— **고바야시** 미국 시애틀에는 컴포스트(compost)가 보급되어 있다고 합니다. 빌딩 지하에 음식물쓰레기를 버리는 장소가 있어 거기에서 퇴비를 만든다고 합니다. 리사이클 할 수 있는 시스템이 있다는 것을 광고하는 빌딩도 있다고 하네요. 미생물이 퇴비로 분해되는 사이에 탄소를 토양에 붙잡아둘 수 있어 그 퇴비를 팔면 수익이 생기기도 하지요.

— **아키야마** 일종의 스마트 하우스(smart house)겠네요. 일본의 오키나와현에 있는 이리오모테섬(西表島)에서는 기본적으로 음식물쓰레기가 나오지 않도록 하고, 가정에서 음식물쓰레기가 나오게 되면 동물의 사료로 쓰거나 매장하거나 퇴비로 만듭니다. 컴포스트는 상당한 전기를 잡아먹기 때문에 되도록 음식물을 남기지 않도록 하고 있다고 합니다. 상당히 돈이 들 것 같습니다.

— **오오히라** 빌딩 내부에 커다란 컴포스트를 만드는 것은 오히려 환경에 나쁘지 않을까요? 전기를 사용해서 발효를 촉진한다면, 상당한 에너지가 필요할 것입니다. 동남아시아처럼 따뜻한 곳에서 컴포스트가 보급되어 있는 것은 잘 알려진 사실입니다. 하지만 시애틀처럼 추운 곳에서 컴포스트가 실제로 합리적인 환경대책이 될지는 의문이군요.

— **스기모토** 애당초 시애틀에서는 쓰레기 회수에 돈을 지불하지는 않았겠지요? 그렇다면 컴포스트를 사용하는 것이 경제적으로도 유리할 것입니다.

— **아키야마** 과거 시애틀에서는 많은 음식물쓰레기를 해안가에 매립하여 연안이 오염되어 그 도시의 중요산물인 연어 양식에 큰 영향을 주었습니다. 그 결과, 가능한 한 쓰레기를 폐기하지 않도록 하는 방침이 세워져 환경에 대한 의식을 높였다고 들었습니다.

— **스기모토** 일본에서는 쓰레기봉지 유료화가 진행되고 있기는 하지만, 기본적으로 생활쓰레기는 지자체에서 공짜로 수거해 가고 있으므로

컴포스트로 전기세를 부담할 만큼 장점이 있다고 생각하지는 않습니다. 그렇지만 쓰레기의 회수와 처리에 징수한 세금이 투입되고 있는 것을 생각하면 전체적으로 돈이 덜 드는 것은 어느 쪽일까요? 시애틀과 같은 방법도 하나의 방향이 될 수 있지 않을까요?

— **로쿠샤** 생활쓰레기 중에서도 리사이클 할 수 있는 것에 대하여는 확실히 분리수거해야 합니다. 그러나 음식물쓰레기의 리사이클은 그다지 진행되고 있지 않습니다. 환경친화적이고, 그래서 효율적이며 경제성도 있는 방법을 생각해야 하는 것이 지금부터의 과제일 것입니다.

▷ 건축자재 - 순환형사회의 지향점 -

— **로쿠샤** 가전제품, 생활쓰레기에 이어 건축자재는 어떨까요?

— **고바야시** 영국 런던에서는 1666년 런던 대화재 이후 목조건조물을 짓는 것이 금지된 적이 있었습니다. 그런 일도 있고 해서 영국에서는 석조건물이나 벽돌건물이 많이 있습니다. 지진이 거의 없고, 돌과 벽돌로 지어졌기 때문에 집이 오래 가지요. 벽돌은 집을 개축할 때 적극적으로 리사이클 할 수가 있을 테지요.

일본은 지진이 많기는 하지만, 기후적으로나 풍토적으로 볼 때 많은 혜택을 입은 나라라 나무가 상당히 많습니다. 습기가 많기 때문에 집은 거의 나무로 짓지요. 나무로 지었기 때문에 비용이 많이 들지 않는 것도 일본의 가옥이 목조인 것이 그 하나의 이유이지만, 대도시에서 지진이 발생할 경우 가장 염려되는 것은 바로 화재입니다. 한신(阪神) 대지진 때에도 화재로 인한 피해가 가장 컸습니다. 그렇지만 일본에서는 예전의 런던처럼 목조건축을 금지하는 일은 곤란할 겁니다. 일본에서는 옛날에 썼던 대들보 등 귀중한 것은 재활용했지만,

대부분의 것들을 재활용하지 않고 버려지고 있습니다. 그래도 마지막에는 열에너지로 회수·이용하는 서멀 리사이클(thermal recycle)[6] 되고 있으므로 아직 괜찮다고 봅니다. 「100년 주택」, 「200년 주택」 등 오래 지속되고 재활용할 수 있는 건축 경향이 이어지고 있으므로 목재자원을 유용하게 이용한다는 관점에서 좋은 뉴스라고 생각합니다.

— **스기모토** 지구온난화의 관점에서 목재는 카본 뉴트럴하기 때문에 연료로서 리사이클 하는 것은 좋은 것이지요. 솎아베기한 목재를 사용한 장작스토브 등 적극적으로 이용하려는 움직임도 있습니다. 일본의 임업은 해외의 값싼 목재가 수입된 결과, 가격이 붕괴되어 힘든 상황에 있습니다. 모처럼 식재해 만들어 놓은 야산 등지에 수풀이 방치되어 있어 사슴 등 짐승들에 의한 피해가 증가하고 있습니다. 나무를 사용한 새로운 산업이 일어나 발전하게 된다면, 임업이 다시 살아날 수도 있으리라 생각합니다.

또한 새로운 건축소재로서 고단열소재가 등장하고 있습니다. 에어컨의 수요가 줄어들어 쓸데없는 전력소비를 없앨 수 있다면 콘크리트로 덮여있는 도심부가 고온화하는 열섬의 억제, 나아가 지구온난화의 방지에도 연결됩니다. 스마트 시티는 이런 생각에서 지역에서 종합적으로 환경문제에 대처하고 있는 예라고 생각합니다.

— **오오히라** 지금까지의 이야기에서는 생산자의 노력으로 해결할 수 있는 것과 소비자가 어떤 노력을 하지 않으면 아무것도 해결할 수 없는 것, 두 가지가 있다는 것이 확실하네요. 건축자재는 소비자가 노력한다고 해서 어떻게 될 수 있는 것이 아니겠지요?

— **고바야시** 집을 지을 때 어떤 건축자재를 선택할지 생각해보면, 소비

6) 폐기물 소각시의 열을 발전이나 보일러의 열원으로 사용하는 에너지 회수를 말한다.

자에게도 할 수 있는 일이 있을지도 모르겠습니다.

— **오오히라** 건축자재에 관하여는, 앞서 언급한 확대생산자책임을 생각해 볼 때, 누가 생산자라고 생각하면 좋을까요? 건축자재를 만드는 기업일까요, 아니면 건축자재를 조합해서 건물을 짓는 사람일까요?

— **스기모토** 누구라도 생산자로서 책임을 져야 하지 않을까요? 리사이클하기 쉬운 건축자재를 만든다던가, 해체하기 쉬운 건물을 조립한다던가 해서 말이죠. 하지만 애당초 집을 해체하는 것뿐이라면, 중기로 부숴서 그대로 처분하는 쪽이 값이 덜 먹히겠지요.

— **오오히라** 그렇다고 한다면, 건축자재의 리사이클을 위해서는 법률로 어떤 규제를 할 필요가 있지 않을까요?

— **로쿠샤** 그렇습니다. 이를 위하여 바로 건설 리사이클법이라는 법이 있습니다. 일정규모 이상의 건축물을 해체하거나 신축·개축하는 공사가 그 대상인데, 콘크리트 폐기물과 아스팔트 폐기물, 폐목재의 분리와 리사이클하는 것이 정해져 있습니다. 대상이 되는 공사의 수주자가 폐기물의 발생을 억제할 의무와 함께, 분리하여 해체할 의무, 재자원화할 의무를 집니다. 발주자도 분리·해체에 관한 계획을 도도부현(都道府県)에 신고하거나, 수주자로부터 재자원화가 완료되었다는 것을 보고받습니다.

— **가나야** 건축 폐자재의 리사이클에는 어떤 실례가 있을까요? 예컨대, 매립에 사용할 수 있겠지요.

— **오오히라** 매립이라든가 도로포장에 사용하는 것은 리사이클이라고 이해해도 좋을까요? 확실히 한 번 더 사용한다고 하는 의미에서는 리유스(reuse)하는 것이라서 리사이클이라는 말에는 어쩐지 익숙하지 않다는 느낌입니다.

— **아키야마** 그래도 형태를 바꾸어 계속 사용하는 것이 되겠지요. 리사이클이라는 것은 형태를 바꾸어 재활용한다는 것이기 때문입니다.

— **오오히라** 순환형사회에서 목표로 삼는 것은, 다시 한번 더 사용하는 것만이 아니라 같은 물건을 몇 번이라도 반복해서 계속 사용하는 것이라고 생각합니다. 현재 법률의 발상은 한번 더 사용하기만 하면 좋다고 하는 생각에 머물러 있는 것 같은 느낌이 듭니다.

— **아오키** 건축 폐기물을 도로포장에 사용하는 것은 그 후에 다른 형태로 다시 사용할 수 있을지는 모르겠지만, 건축할 때 사용했던 것뿐이라는, 지금까지와 같이 일회성에 그치는 사용과는 다르겠지요.

— **오오히라** 그러고 보면 리사이클과 리유스의 정의는 본문에 있었지요? 리유스는 형태를 바꾸지 않고 다시 한번 사용하는 것, 리사이클은 형태를 바꾸더라도 다시 한번 사용하는 것.

— **로쿠샤** 다시 한번 개념정의를 확인해 볼까요? 순환형사회의 기본은 3R. 즉, Reduse, Reuse, Recycle의 머리글자를 딴 것입니다. Reduse는 「폐기물의 발생 억제」, reuse는 「재사용」, recycle은 「재자원화」. 이 순서로 순환형사회를 만들기 위하여 노력해야 합니다. 리사이클도 곤란할 경우에는 열에너지를 회수하여 마지막으로 적정하게 처리하게 됩니다.

— **아키야마** 실제로 건축자재를 리사이클한다고 생각할 때, 여러 가지 재료를 사용하고 있기 때문에 많은 종류의 해체업자가 필요합니다. 제 고향인 구마모토(熊本)에서는 지진으로 붕괴된 채 처리되지 않은 가옥이 많이 남아 있습니다. 해체한다고 해도, 폐기물을 분리수거하여 처리할 수 있는 업자가 오지 않으면 치울 수가 없는 것이지요.

— **아오키** 건축에 필요한 재료가 모두 같은 것으로 만들어졌다고 할 수는 없을 것입니다. 순환형사회가 실현되기 위해서는 확실히 분리할 수 있는 것인가 아닌가도 중요하다고 생각합니다. 목재, 콘크리트, 유리 등을 확실하게 분리할 수 있다면, 재자원화를 할 수 있을 것입니다. 분리하는 데에는 비용도 들고 품도 들기 때문에 기업으로서는

어떻게 타협할 수 있을지가 중요하겠지요. 특히 법률은 분리방법까지 미주알고주알 규정하고 있지는 않습니다. 분리해서 해체해야 한다, 재자원화해야 한다, 그 책임은 누가 지는가 등등에 관한 것을 규정하는 것이 법률입니다.

— **스기모토** 매립한 것에 대하여도, 매립해서 아직 사용하고 있다고 한다면, 리사이클하고 있는 것이지요. 지금 상태는 순환의 도중에 있다고 말입니다. 그런 의미에서는 지속할 수 있다고 생각합니다.

— **오오히라** 그런 식으로 말한다면, 리사이클 할 수 없는 것은 이 세상에 있을까요?

— **스기모토** 있다고 한다면, 방사성 폐기물 정도이겠지요?

— **로쿠샤** 예를 들자면, 후쿠시마(福島) 제1원자력발전소의 사고로 발생한 방사성 폐기물에 대하여는 방사성물질오염대처특별조치법이 제정되어 있습니다.

— **가나야** 금속은 녹여서 다시 한번 다른 제품을 만드는 데 사용할 수 있겠지요. 하지만 콘크리트는 한번 굳어져 버리면 다른 것으로 만들 수 없습니다.

— **오오히라** 콘크리트도 부숴서 도로의 자재로 사용할 수는 있을 것입니다. 우리들이 지금 논의하고 있는 순환형사회라는 것은 어떤 의미에서의 리사이클을 생각하는 사회일까요?

— **스기모토** 무기물의 경우에는 자연력으로 분해되지 않을 것입니다. 귀중한 것은 재활용하기 위하여 추출하고, 그렇지 않은 것이라도 가능한 한 잘 사용하거나 또는 환경에 부담을 주지 않도록 처리한다는 것이 아닐까요?

— **아키야마** 여러 가지 물질을 분해해서 다시 사용할 수 있는 형태로 하는 것이 지속가능한 순환형사회에서는 필요합니다. 「분해할 수 있는 상태」로 두지 않으면 안 된다고 생각합니다.

— **고바야시** 다시 처음으로 돌아가자면, 쓰레기를 줄이려고 한 것이 목적이었습니다.

— **오오히라** 첫째, 물건을 만드는 입구단계에서 될 수 있는 한 만들지 않도록 하며, 다음으로, 물건을 버리는 출구단계에서는 다시 한번 사용할 수 있도록 한다는 논의였지요.

— **가나야** 자원은 유한하기 때문에 계속 사용할 수 있는 것은 아닙니다.

— **아오키** 자원이 유한하다는 것에 덧붙여, 처리장이 줄어든다는 것도 현실적인 문제겠지요. 필요 없게 된 것을 묻어버릴 땅이 많지 않습니다. 매립처분하지 않아도 해결할 수 있는 사회가 되어야 합니다.

— **로쿠샤** 일단 만들어진 물건은 그대로 재사용할 것인지, 형태를 바꾸어 사용할 것인지를 궁리해야 합니다. 물건을 줄여야만 한다는 위기감이 순환기본법을 만든 배경입니다. 리유스, 리사이클을 가능한 한 그것이 불가능하다면, 한번 사용한 후에는 열에너지를 회수하여 매립처분하게 되는 것입니다.

▷ 순환형사회를 실현하기 위해서는 어떻게 책임을 분담할까?

— **아오키** 리사이클하는 데 돈이 든다는 것은 확실합니다. 매립처분하는 쪽이 훨씬 돈이 덜 들지도 모릅니다. 그럼 리사이클하는 데 드는 돈은 누가 내야 할까요? 행정기관이 내면 좋지 않겠느냐고 생각할지 모르지만, 그 자금은 바로 세금입니다. 우선 생산자에게 부담시켜도 그 비용은 소비자에게 전가되겠지요. 최종적으로는 국민이 부담하게 될 것입니다. 누구에게 부담시킬 것인가 하는 문제로 법률을 만드는 방법이 달라집니다. 예컨대, 용기포장 리사이클법에서는 회수되는 것은

「상품의 용기와 포장」뿐입니다. 같은 플라스틱으로 만들어진 것도 편의점의 도시락상자는 리사이클할 수 있지만, 먹을 때 사용한 숟가락과 포크는 리사이클의 대상이 아닙니다. 왜냐하면 법률에서 「용기포장」이라는 개념을 사용했기 때문입니다. 용기포장을 사용하는 기업에게 책임을 지우려고 법률로 한 이상, 모든 플라스틱제품을 규제의 대상으로 할 수는 없습니다. 리사이클로서는 아직 충분하지 않은 상황일지도 모릅니다. 이러한 한계가 있습니다만, 누구에게 어떻게 책임을 부담시키는가 하는 것을 법률로 정해서 순환형사회에 다가가려고 하고 있습니다.

— **아키야마** 자연과학의 입장에서 말하자면, 모두 같은 플라스틱은 아니겠지요. 하지만 현실에서는 그렇게 규제할 수 없는 이유가 있을 것입니다.

— **아오키** 한편에서는 산업촉진, 다른 한편에서는 환경보호가 있으므로 어떻게 보더라도 상반되는 입장이 있을 수 있습니다. 마치 줄다리기와 같다고 할 수 있을까요?

— **로쿠샤** 책임을 명확하게 정하는 것이 가능할까요? 상품이 널리 퍼져 있어 여러 군데에 걸쳐 있는 경우에는, 법률의 구조를 생각해 볼 때, 누구에게 책임을 지울 것인가가 어렵게 됩니다. 불요물(不要物)은 본래 오염시킨 사람이 책임을 져야 하겠지요. 바로 쓰레기를 배출한 사람입니다. 이러한 사고방식이 바로 오염자부담방식입니다. 하지만 리유스와 리사이클을 추구하는 순환형사회를 실현하려고 한다면, 이러한 사고방식은 아무리 해도 한계가 있어 보입니다. 그래서 물건을 만들어낸 사람이 책임을 지도록 발상의 전환을 한 것입니다. 확대생산자책임에 「확대」라는 말이 붙어 있는 것처럼, 소비자가 배출한 후까지 생산자가 부담을 지게 되는 것입니다. 이러한 사고방식은 모든 상황에 적용하는 것이 불가능하지는 않겠지만, 현실적으로는 우선 가

능한 곳부터 실행에 옮겼습니다.

— **오오히라** 앞으로는 모든 것에 대하여도 생산자가 책임을 진다고 하는 사고방식이 될 가능성이 있을 것이라는 의미겠지요.

— **아오키** 음식물은 어떻습니까? 생산자가 모든 것을 책임진다고 하게 되면, 팔고 남아 부패한 경우에는 책임이 있을까, 좀 어려운 문제가 있을 수 있겠네요.

— **오오히라** 실무상 곤란한 점들이 있을 것입니다.

— **아오키** 그렇습니다.

— **아키야마** 음식물은 조금 다른 문제겠지요. 말단에 있는 소비자로서는 개인이 순환시킬 수 있는 기술도 거의 없고, 생산자에게 소비자가 냉장고 속에 넣어 둔 부패한 것까지 책임을 지울 수는 없겠지요. 생산자에게 리사이클을 의무지우는 것이 가능한 제품에 대하여 생산자에게 책임을 지워 리사이클을 촉진해야 할 것입니다.

— **오오히라** 오염시킨 사람이 책임을 져야 한다는 사고방식, 그것이 지배적이었습니다. 그러나 그것만으로는 도덕심에 호소하는 것뿐이므로 폐기물이 쌓여갈 뿐이었습니다. 그래서 생산자에게 책임을 지우려고 하는 흐름으로 바꿨다고 이해하면 될까요? 그렇다고 한다면, 이러한 흐름을 한층 가속화시켜 모든 것에 대하여 생산자가 책임을 지는 방향으로 해가는 가능성도 있을 수 있겠지요. 실무상 특정화할 수 없는 것이 있으므로 어딘가에서 균형을 취해야 할 것입니다.

— **아오키** 그럴 가능성이 있다고 생각합니다.

— **로쿠샤** 리사이클의 대상이 되는 제품도 증가하고 있습니다. 이미 소개한 바와 같이, 개별 리사이클 관련법도 포장용기, 가전제품, 식품, 건설, 자동차에 관한 법률이 있고, 최근에는 휴대전화와 디지털카메라 등 「소형가전」의 리사이클에 관한 법률도 만들어져 있습니다. 법률로 규제되는 범위가 넓어지게 되면 오히려 리사이클에 대한 사람

들의 의식이 높아지게 되어 리사이틀의 구조를 확실히 해야 한다는 목소리가 분명하게 나타나게 되겠지요?

— **오오히라** 예컨대, 컴포스트의 문제와 같이 개인의 이해타산에 호소하여 해결하는 문제와, 개인의 이해타산에 호소하여도 해결할 수 없는 문제를 생산자 측에게 책임을 지우려고 하는 형태로 해결하려고 하는 문제, 이 두 가지의 측면이 있을 수 있겠지요? 두 번째 해결방법은 법률에 의하여 강제되어야 할까요? 그렇지 않다면 모든 사람들에게 득이 되는 해결방법일까요?

— **아키야마** 버리는 것이 가장 간단하겠지만, 그렇게 된다면 자원이 고갈되거나 처리장이 부족해지거나 최종적으로는 좋지 않은 사태가 일어날 것입니다. 그래서는 곤란하지 않은가라고 하는 것이 이유가 되겠지요. 그것이 확실하게 인식되어 온 것이야말로 리사이클의 구조에 모든 사람들이 참가하게 되었다고 생각합니다.

— **오오히라** 요컨대, 도덕적으로 해결해 나아가고 있다는 말씀이신가요?

— **아키야마** 일단 환경이 오염되어 버리면 이것을 깨끗하게 하는 데에는 많은 비용이 든다는 것을 인식하는 것이야말로 이해타산에 대한 생각일 것입니다.

— **오오히라** 미래세대의 것도 내다보고 행동하도록 하는 것으로, 개인에게는 이해타산이라는 것보다 도덕적인 해결로 들립니다.

— **아키야마** 대량의 마이너스 유산을 안고 온 결과, 행동규범이 변해 온 것은 아닐까요? 예컨대, 공해병의 경험을 통하여 개인의 행동이 변한 것으로 생각할 수는 없을까요?

— **오오히라** 시애틀에서 컴포스트를 사용하고 있는 사람들도 마찬가지일까요?

— **아키야마** 그 정도의 수고는 해도 괜찮다고 하는 사람들이라고 생각합니다. 과거의 오염상황에서 배워 환경을 보존하려는 사람들이겠지요.

— **스기모토** 쓰레기처리를 위하여 드는 비용이 커진다면 컴포스트를 이용하는 쪽이 좀 수고스럽겠지만, 훨씬 더 합리적이지 않을까요? 컴포스트가 있는 건물에 살면 쓰레기비용이 적게 들겠지요. 물론 도덕심에 호소하는 것도 있을 테지만요.

— **오오히라** 이득을 얻는 사람이 있다는 것은 잘 알겠는데, 리사이클을 위하여 누군가는 비용을 지불해야 할 것만은 확실합니다. 모두가 이득을 얻는 리사이클이라는 것이 있을까요? 아니면, 전체적으로 실제로 이해타산이라고 하는 의미에서 합리적인가 아닌가, 좀 더 알고 싶습니다.

— **아키야마** 시애틀에서 스마트 하우스에 살고 있는 사람들은 의식이 높다는 인상을 받았습니다. 국지적·단기적으로 보면, 이해타산으로서 합리적인지 아닌지는 잘 모르겠지만, 그것이 확대되어 오랜 시간이 흐르면 지구 전체의 환경문제에 공헌하는 것이 아닐까요? 이처럼 하나의 모델로서 생각하고 있습니다.

— **오오히라** 만약 정말로 그렇다면, 매우 좋은 얘기입니다. 그러나 그러한 의식이 세계 속에 확대되어 가는가가 문제이지요.

여러 가지 리사이클을 추진하기 위하여 생산자가 책임을 지는 법률이 있는 것은 잘 알겠습니다. 그러한 것이 없다면 리사이클 되지 않을 것입니다. 생산자에게 책임을 지우려는 것 이외에 법률로 사람들의 행동에 제약을 가하는 시스템도 있습니까? 실제로 리사이클 같은 것은 하고 싶지 않다고 해도 법률이 있기 때문에 싫으면서도 리사이클 할 수밖에 없는 구조 말입니다. 리사이클 하지 않으면, 벌칙을 받게 되는 법률이겠지요.

— **아오키** 앞서 소개한 순환기본법은 국가와 기업의 추상적인 책임이 규정되어 있는 정도입니다. 리사이클을 강제하는 시스템을 가진 법률이라면 용기포장 리사이클법처럼 개별적이고 구체적인 법률이겠지요.

— **오오히라** 그런 법률들이 바로 확대생산자책임입니다.

— **아오키** 「책임」이라는 말이 붙어 있기 때문에 오해를 살지도 모르겠습니다만, 확대생산자책임은 원래 순환정책으로서의 사고방식입니다. 생산자가 제품을 생산하고, 소비자가 그것을 폐기하고, 시정촌이 회수하는 단계까지 생산자에게 수고를 끼치게 하는 것이라고 할 수 있겠지요.

— **오오히라** 소비자의 행동을 촉진하는 법률도 있습니까?

— **로쿠샤** 불법투기를 하면 폐기물처리법 제16조 「누구라도 함부로 폐기물을 버려서는 아니 된다」라고 하는 규정을 위반하는 것이 되어 중한 형벌이 부과됩니다. 다만 리사이클에 협력하라든가, 쓰레기 분리를 철저하게 하라든가 하는 것은 소비자에게 부과된 일반적인 책무에 불과합니다. 가령 올바르게 분리하지 않았다고 하여도 소비자에게 벌칙이 부과되는 것은 아닙니다.

— **아오키** 리사이클에 관한 법률은 역시 제1차적으로는 생산자를 대상으로 하는 법률입니다. 예컨대, 용기포장 리사이클법에는 벌칙규정이 있습니다. 재상품화하지 않는 기업에 대하여 재상품화하도록 명령하고, 그래도 이에 따르지 않으면 벌칙이 부과됩니다. 그 정도의 실효성을 담보하고 있습니다. 다만 법률은 그 이상으로 리사이클을 권고하기 위한 인센티브, 즉 리사이클을 실천하면 득이 된다고 하는 적극적인 조치를 취하고 있는 것은 아닙니다. 그래도 기업은 환경에 대하여 좋은 것을 하고 있다는 자세를 보임으로써 CSR을 실천하고 있다는 이미지를 주려고 합니다.

— **로쿠샤** CSR이란, 기업의 사회적 책임, 즉 "Corporate Social Responsibility"입니다. 이는 환경에 관한 관점만이 아니라 적극적인 리사이클 활동을 촉진하는 것도 CSR을 실천하는 것입니다. 지속가능한 사회를 실현하기 위하여 기업이 해야 할 역할을 생각하고 그것을 실현하는 것

이 기업의 존재가치 향상과 연결됩니다. 이러한 의식을 공유할 수 있다면, 순환형사회의 실현에 보다 가깝게 다가갈 수 있을 것입니다.

▷ 마무리

— **아키야마** 생물학적으로 생태계 피라미드를 생각할 때, 인간은 생산자가 아닙니다. 소비자일 수밖에 없지요. 다른 생물들이 만든 것을 그저 소비할 뿐입니다. 그러나 인간사회에서는 많은 물건들을 만들고 있다는 의미에서 인간은 생산자입니다. 그리고 지금까지의 논의에서 생산자의 책임이라고 하는 사고방식이 소개되었습니다. 그러한 점에서는 인식의 차이가 있어 재미있는 것은 아닌가라고 생각합니다.

— **가나야** 생물학적으로 볼 때, 인공의 물건을 너무 많이 만들어낸 것이 문제이지요. 그 이유는 생태학적인 의미에서 순환하지 않기 때문입니다. 점점 쌓여가고 있을 뿐이지요.

— **오오히라** 생물학의 관점에서 보면, 소비자인 인간이 책임을 져야 한다는 말씀이시지요?

— **아키야마** 지금의 사회는, 생물학의 관점에서 보아도, 인간의 활동과 영향을 확실하게 생각한 후에 지속성 있는 순환을 생각해야만 합니다. 인간의 힘으로 보다 잘 순환할 수 있도록 뒷받침해야 할 것입니다.

— **고바야시** 「쓰레기를 줄입시다」라는 데 모든 이들이 합의하지만, 그냥 내버려두면 아무도 줄이지 않습니다. 일본은 토지가 부족해서 태워버리는 쪽이 가장 간단하지만, 태워버리기만 하면 탄소순환은 되겠지만 그것으로 끝나버릴 겁니다. 한 걸음 더 나아가기 위하여 법률을 만들어 만반의 준비를 해야 합니다. 이와 같이 하여 쓸모없는 것이

없는 사회, 미니멀사회를 만들어내는 구조를 만드는 것이 법이 할 일입니다. 오늘 토론 중에 나온 OECD와 시애틀처럼 세계적으로도 동일한 움직임이 있습니다. 리사이클을 위해서는 비용이 들지만, 목표가 있는 사회를 향하여 나아가도록 노력하는 동기를 확보해 두어야 하지 않을까 합니다.

— **스기모토** 지속성이나 리사이클을 생각할 때, 지구에 자원이 얼마만큼 있고, 얼마만큼 이용할 수 있는지 하는 관점도 중요하지 않을까 생각합니다. 석유가 언젠가는 사라지리라는 것은 옛날부터 알았습니다. 플라스틱을 순환시키지 않으면, 석유가 없어졌을 때 곤란해집니다. 세계의 금과 은에 관하여는 7할 정도가 이미 채굴되었으며, 그 가운데 2할 정도가 일본에 축적되어 있습니다. 희소금속을 포함하여 일본이 도시광산이라고 불리는 이유입니다. 지금 사용하고 있는 물건을 계속 사용해야만 합니다. 이러한 인식이 순환기본법의 근간이 되는 사고방식이 아닐까 생각합니다.

— **로쿠샤** 이 법률은 폐기물의 발생억제 · 재활용 · 재자원화 · 적정처리를 통하여 「천연자원의 소비를 억제하고, 환경에 대한 부담을 가능한 한 절감시키는 사회」가 순환형사회라고 정의하고 있습니다. 말씀하신 바와 같은 인식이 정말로 나타나고 있습니다.

— **스기모토** 리사이클을 위한 비용은 결국, 소비자가 부담해야 한다는 이야기는 매우 인상적이었습니다. 확대생산자책임이라는 사고방식에 입각해 보더라도, 리사이클에 관련된 비용은 제품가격을 상승시키거나, 리사이클요금을 징수하거나, 소비자에게 전가하고 있습니다. 시정촌이 쓰레기를 회수하도록 하면 무료로 보일지도 모르지만, 이는 단지 세금으로 충당할 뿐입니다. 분리수거하는 것이 귀찮기 때문에 적당히 끝내버린다면, 그때는 돈을 지불하지 않고 이득이 될 수 있도록 하여도 결국은 세금으로 부담해야 합니다. 어차피 자신이 지불해

야 하는 것이기 때문에 더 많이 리사이클을 하도록 하여 돈이 적게 들도록 생활할 수 있는 사회를 만들어 놓는다면, 상품도 싸게 살 수 있고, 세금도 싸질 것입니다. 그러한 사회를 지금부터 만들어간다면 좋지 않을까 생각합니다.

— **아오키** 순환기본법은 매우 독특한 법입니다. 법률 이름에 우리가 추구해야 할 사회의 방향성이 쓰여 있지요. 바로 「순환형사회」의 「형성」이지요. 이것이 색다른 것입니다. 법률의 이름은 법률의 내용을 단적으로 표현하는 것인데, 추구해야 할 사회의 방향성을 법률 이름으로 한 예는 드뭅니다. 그리고 기본법 가운데 추구해야 할 순환형사회의 방향성을 규정한 것을 바탕으로 실제 리사이클에 걸맞은 개별 법률을 만드는 것입니다. 이들 법률에 등장하는 기업과 소비자, 국가와 지방공공단체가 역할을 제대로 하고 있는가에 따라 순환형사회가 실현될 수 있는지 없는지가 결정될 것이겠지요.

— **로쿠샤** 여러분들과 토론하면서 느낀 것은 법학적인 「올바름」을 추구하면서도 다른 분야에서 문제를 보는 다양한 시점을 갖는 것이 중요하다고 생각합니다. 특히 환경법이 그렇습니다. 법률은 순환형사회를 만들어야만 한다고 하고 있고, 리사이클할 책임은 생산자에게 있다고 합니다. 그런 것밖에 쓰여 있지 않다고 해도 과언이 아닐 것입니다. 그러나 법률이 있기 때문에 개인과 기업은 순환형사회의 실현을 목표로 행동해야만 합니다. 개인과 기업이 법률의 요청에 부응하기 위하여 어떤 행동을 취해야 할까요? 바람직한 행동에 다가가기 위해서는 무엇이 필요할까요? 경제학을 비롯한 사회과학의 영역에서도 논의하는 것이지요. 자연과학의 시점에서 보아도 적절하게 효과적인 리사이클을 하지 않으면, 법률이 추구하는 「천연자원의 소비를 억제하고, 환경에 대한 부담을 가능한 한 절감시키는 사회」는 실현되지 않습니다. 개인과 기업의 경제활동은 환경에 부담을 주는 것이지요. 그

러나 환경에 나쁘다고 하여 경제활동을 멈출 수는 없겠지요. 그러한 균형을 어떻게 잘 잡을 수 있을까요? 이것이 환경법의 사명입니다.

조사해 보고, 생각해 봅시다

- 주변에 리유스, 리사이클 되지 않는 물건을 몇 개 예를 들어보고, 그것이 왜 리유스, 리사이클 되지 않는지 생각해 봅시다.
- 여러분과 연고가 있는 지자체(살고 있거나, 통근 · 통학하거나, 고향이거나)에서는 어떻게 분리수거를 하고 있습니까? 몇 개의 지자체의 사례를 비교해 봅시다.
- 음식쓰레기는 어떻게 처리하는 것이 좋을지 생각해 봅시다. 예컨대, 컴포스트를 설치하는 것이 성공하기 위해서는 어떠한 조건이 필요할까요?
- 가전제품의 리사이클율을 높이기 위해서는 어떻게 하면 좋을까요? 예를 들어 가전제품의 리사이클 비용은 왜 후불일까요? 선불과 후불 중 어느 쪽이 좋을지 생각해 봅시다.
- 가전제품이 불법투기 되는 곳과 쓰레기 매립지에서 토양오염, 수질오염이 생깁니다. 지금까지 어떻게 해 왔는지, 지금부터 어떻게 해야 할지를 생각해 봅시다.

생물다양성

2

이 장에서는 생물다양성을 공통 주제로 하여 2.1절에서는 다양성을 지켜야 하는 이유를 법학적 관점에서, 2.2절에서는 다양성이 생기는 구조를 생물학의 관점에서, 2.3절에서는 다양성을 지키는 것의 합리성을 경제학의 관점에서 생각해 봅니다. 후반 부분인 2.4절에서는 저자 전원이 참가한 좌담회 기록이 수록되어 있습니다.

2.1 다양성을 지켜야 하는 이유

▶ 생태계의 위기

환경기본법은 1993년에 제정되었습니다. 그로부터 꼭 15년이 경과한 2008년에 생물다양성기본법이 제정되었습니다. 이 법은 환경기본법의 기본이념에 기초하여 만들어진 법입니다. 「생물다양성」이 중요하다고 하는 것은 널리 인정되고 있는 것이겠지요? 그런데 생물다양성이라고 하는 말의 구체적인 이미지가 잘 잡히지 않기 때문에 왜 생물다양성이 중요한지, 그 배경에 있는 사정과 합리적인 이유가 무엇인지, 명쾌하게 설명하는 것이 매우 어렵습니다. 생물다양성의 의미를 단적으로 간단히 표현하자면, 지구상에는 강아지도 있고 고양이도 있으며 그 밖의 많은 생물들이 있다는 식으로 나타낼 수 있을 것입니다. 그러나 이런 식으로 정의하는 것만으로는 왜 생물다양성이 중요한가를 설명할 수 없습니다.

그렇다면 관점을 바꾸어, 생물다양성이 사라지는 상황을 생각해 봅시다. 예컨대, 호랑이는 호피를 얻기 위해, 코끼리는 상아를 얻기 위해 죽어갑니다. 지금 남아 있는 개체수는 불과 얼마되지 않습니다. 모피를 얻거나 상아를 가지는 사람들이 자기 멋대로 활동해온 결과, 그들은 돈벌이를 위해 호랑이와 코끼리를 거의 없애버려 세계적으로 멸종이 염려되고 있습니다.

호랑이와 코끼리가 없어지면 어떤 일이 발생할까요? 생태계의 정점에 있는 호랑이가 없어진다면, 호랑이에게 잡아 먹히는 동물들이 늘어나 그 동물들의 먹잇감이 줄어들 것입니다. 만약 코끼리가 사라진다면 코끼리가 살기 위해 먹었던 것이 늘어날 것입니다. 코끼리의 배설물에 의존해서 살아가고 있는 생물이 줄어들지도 모릅니다. 호랑이나 코끼리가 생존하기 위해서는 그 밖의 많은 생물이 관련되어 있습니다. 나아가 관점을 더 넓혀보면, 모든 생물은 반드시 어딘가에 「유대」를 맺으며 살아가고 있다는 것을 알 수 있습니다. 호랑이나 코끼리가 사라진다는 것은 그 동물들이 맺고 있는 「연관성」이 끊어진다는 것을 의미합니다. 생물다양성이 사라지는 상황은 생물 간의 「연관성」이 끊어진다는 것입니다.

모든 생물들 사이에는 「연관성」이 있습니다. 어떤 특정한 종의 생물이 살아갈 수 없게 된다면, 그 외의 종의 생물도 살아갈 수 없게 될 가능성이 있습니다. 생물다양성이 사라진다는 것은 멸종되어가는 생물의 생존이 위기에 처해있다는 문제뿐만 아니라, 그 외 생물의 생존에도 위기라는 의미입니다. 인간도 예외가 아닙니다. 어떤 종의 동물이나 식물이 멸종된다는 것이 인류의 생존을 위협할지 모릅니다. 그렇기 때문에 생물다양성을 지켜야 하는 것이 아닐까요?

지금 당장 인간의 지식으로는 어떤 관계가 있는지 잘 알지 못하는 생물의 생존도 중요하게 생각하는 것이 인류의 생존에 합리적입니다. 예컨대, 아직 알려지지 않은 열대우림에 사는 생물이 있다고 가정해 봅시다. 그 생물이 존재한다는 것은 현시점에서는 인류의 생존에 중요하지 않다고 하여도, 장래에도 그럴지는 지금으로서는 모르는 일입니다. 인류의 생존을 위협하는 질병이 먼 장래에 발생했을 때, 그 생물의 유전자정보를 파악하여 유효한 대책을 세울 수 있을지도 모릅니다. 지금 당장은 인류의 생존에 중요하지 않은 것이 분명하더라도 장래의 위기에 대비하여 소중하게 보호해야 할 것입니다. 그러한 위기가 정말 발생할지 어떨지는 모른다고 해도 말입니다. 「정말로 발생할지 어떨지 모르는 위기」는 「발생할지도 모르는 위기」라고 생각합니다. 불확실한 장래에 대비하기 위하여 생물다양성을 보전하는 것이 합리적일 것입니다. 생물다양성보전법 제3조 제3항에는 「과학적으로 해명되지 않은 일들이 많고, 한번 손상된 생물다양성을 재생하는 것이 곤란하다는 것을 감안」한다는 문구가 들어 있습니다. 장래에 도움이 될지 어떨지 모른다고 해도 우선 보호해야 한다고 하는 생각이 드러나 있다고나 할까요?

지금까지도 열대우림에 서식하는 생물의 연구에서 많은 의약품을 개발했습니다. 생물다양성협약에 관한 당사국총회(COP: Conference of the Parties)에서는 아마존을 비롯한 열대우림을 포함하여 많은 생물자원을 가진 나라들이 그러한 생물자원을 이용하여 효과 있는 의약품을 개발한 국가에 대하여 이익을 분배할 것을 요구하고 있습니다. 생물자원을 이용하여 개발된 의약품 수익을 둘러싸고 개발국과 자원제공국 사이에 어떻게 분배할 것인가가 문제가 되고 있습니다. 이러한 논의가 발생하는 배경에는 풍부한 생물자원과 이를 유지하는 생물다양성이 인간의 생존에 중요하다고 하는 의식이 있음에 틀림없습니다.

생물계를 혼란시키는 것이 문제라는 지적도 있습니다. 하나의 종이 멸종했다는 것 자체를 문제시하거나, 하나의 종의 멸종이 파급되어 예상치 못한 생물의 멸종으로 연결되어 생물계의 파괴가 발생하는 것을 문제시하는 논의도 있습니다.

많은 경우, 설령 하나의 종이 멸종해도 주변에 있는 생물들과의 고리가 복잡하게 작용하여, 이전과는 다르긴 하지만, 그 나름대로의 새로운 생물계가 만들어지겠지요? 그래서 현실세계에서는 생태계를 완벽하게 유지해야 할 것인가 아닌가 하는 관점보다도 생물다양성의 보전이 인류의 생존에 중요한가 아닌가라는 관점이 더 설득력을 가지고 있습니다. 말은 생물다양성이라고 하고 있지만, 실제 논의되고 있는 것은, 생물에서 유래하는 유전자원이 인간에게 효과가 있는지, 수익을 올릴 수 있는지에 주목하고 있습니다.

멸종된 조류 도도와 연관된 식물

인도양 마다가스카르(Madagascar)해에 있는 모리셔스(Mauritius)섬. 이 섬에는 칠면조보다도 더 큰 날지 못하는 도도(dodo)새가 서식하고 있었습니다. 이 지역에만 사는 고유종이었지요. 이 새는 1598년 이 섬에 상륙한 서양인이 발견했는데, 남획으로 인해 사람들의 식량이 되거나 외부인이 가지고 들어온 천적에 의해 알과 새끼들이 습격을 당해 1681년 멸종되었습니다. 그런데 그 후 이 섬에서는 탐발라코크(사포테라과)라는 식물이 발아되는 것을 찾아볼 수 없게 되었습니다. 도도가 이 식물을 먹고 그 씨가 배설되어 비로소 발아하기 쉽게 되었던 것은 아닌가라는 연구가 보고되었습니다. 이는 멸종된 도도를 아쉬워함과 아울러 생태계 속에서 생물들 간의 「연관성」이 드러난 예로서 알려져 있습니다.

秋山豊子(아키야마 토요코)

▶ 환경기본법과 생물다양성기본법

환경기본법이 제정되기 1년 전인 1992년, 「멸종 우려가 있는 야생 동식물의 종의 보전에 관한 법률」이 제정되었습니다. 「야생동식물보전법」 또는 「종(種) 보전법」이라고도 불립니다. 그 후 1993년에 제정된 환경기본법은 공해대책기본법(1967년)을 폐지하고 전면적으로 다시 만들어진 법률인데, 자연환경보전법(1972년)의 이념과 「환경과 개발에 관한 리오선언」(1992년) 등 국제적으로 결정된 사고방식이 채택되었습니다. 일본은 1993년에 생물다양성협약에도 서명했습니다. 그때는 일본이 세계의 흐름에 뒤처지지 않으려고 한 시기였습니다.

생물다양성기본법은 환경기본법의 기본이념을 바탕으로 만들어진 법입니다. 유전자조작, 외래생물의 문제 등 개별적으로 대책을 세우려고 해도 환경기본법에서는 추상적인 것일 뿐입니다. 생물다양성을 특화한 기본적인 사고방식을 나타내는 법률이 필요했던 것입니다. 개별적이고 구체적인 대상을 규제하는 법률을 정비하기 위해서도 생물다양성에 관한 이념을 구체화하기 위한 것으로서 생물다양성기본법이 제정되었습니다.

이 법률은 국회의원과 NGO가 수년에 걸쳐 연구회 등을 개최하면서 가다듬어 입안한 것입니다. 여당과 야당 국회의원이 공동으로 법안을 제출하고 국회에서는 겨우 며칠간 논의를 거쳐 성립한 것입니다. 일본에서 생물다양성에 관한 논의는 정치적인 색채를 가진 역사를 거쳐 왔다고 말할 수 있습니다.

생물다양성기본법에는 「전문」(前文)이 있는데, 매우 긴 문장으로 되어 있는 것이 특징입니다. 전문이 있는 법률은 헌법과 교육기본법 등이 있지만 그 수가 매우 적고 드뭅니다. 전문에는 이 법률에 대한 생각이 쓰여 있습니다. 철학적인 내용을 이야기하는 것이기 때문에 개개의 조문 속에 쓰는 것이 어려워 전문에 두었던 것입니다.

생물다양성기본법 제3조에는 5개의 「기본원칙」이 게재되어 있습니다. 참고로 환경기본법에는 「기본이념」이라는 용어를 사용하여 기본원칙을 정해 놓고 있습니다. 이처럼 용어를 나누어 사용한 것은 환경기본법이 생물다양성기본법의 상위에 놓인 것에 유래하고 있습니다. 생물다양성의 5개의 기본원칙을 읽을 때는 전문과 비교해서 보는 것이 매우 중요합니다.

환경기본법 제14조와 생물다양성기본법 전문에는 「생태계의 다양성」이라는 용어가 등장합니다. 여기에서는 「종의 다양성」을 문제 삼고 있을 뿐만 아니라 종이 서식하는 생태계에도 다양한 것이 있어야 한다고 하는 사고방식이 나타나 있습니다.

환경기본법의 기본이념

환경정책의 근간이 되는 법률이 환경기본법(1993년)입니다. 환경기본법은 다음과 같이 환경의 보전에 관한 3개의 기본이념을 정해두고 있습니다. 이 3개의 기본이념은 일본의 환경정책의 방향성이 나타남과 동시에 환경에 관한 다양한 법률의 기초가 되고 있습니다.

첫 번째 기본이념은 「환경의 혜택 향유와 계승 등」(제3조)입니다. 이 조문은 환경을 보전해야 하는 이유로서 ① 환경은 인간이 건강하고 문화적인 생활에 불가결한 것, ② 환경은 생태계의 미묘한 균형 위에 성립하는 것, ③ 환경은 인류존속의 기본이 되고 유한하다는 것, ④ 환경은 인간의 활동으로 부담을 줄 수 있어 손상될 우려가 생겼다는 것 등을 지적하고 있습니다. 그리고 환경보전은 「현재 및 장래 세대의 인간이 건전하고 풍요로운 환경의 혜택을 향유하고, 인간 존속의 기반인 환경이 장래에도 유지되도록 적절하게 보전되어야 한다」고 하고 있습니다.

두 번째 기본이념은 「환경에 대한 부담이 적은 지속적인 발전이 가능한 사회의 구축 등」(제4조)입니다. 환경을 보전하는 목적은, 「환경에 대한 부담이 적은 건전한 경제발전을 꾀하면서 지속적으로 발전할 수 있는 사회가 구축되는 것」에 있다고 하고 있습니다. 또 「모든 사람의 공평한 역할분담 하에 자주적이고도 적극적으로 행하고」, 「과학적 식견을 충실히 하여 환경보전에 지장을 줄 수 있는 것을 미연에 방지하는 것」을 생각하는 환경을 보전하기 위한 구조를 만들도록 요구하고 있습니다.

세 번째 기본이념은 「국제적 협조에 의한 지구환경보전의 적극적 추진」(제5조)입니다. 현대의 환경문제에 국경은 상관없습니다. 지구 전체의 환경보전을 적극적으로 추진해야 하는 것은 당연한 일이겠지요. 이를 위해서는 국제적 협조가 필수불가결합니다. 이 조문은 국제적 협조를 기본 이념의 하나로 들고 있으므로 정부에 대하여 지구환경에 적극적으로 관여할 것을 촉구하고 있습니다.

青木淳一(아오키 준이치)

▶ 어느 생태계를 선택할 것인가?

생물다양성협약에 가입한 나라들은 대략 2년에 한 번 정도로 회의를 하고 있습니다. 제10회 당사국총회(COP10)가 2010년 10월 일본 나고야에서 개최되었습니다.

생물다양성에 관하여는 세 가지 위기가 있다고들 합니다. 첫 번째 위기는 인간의 활동 또는 개발에 따른 위기입니다. 관상용 상아나 모피를 얻기 위하여 야생동물을 영리목적으로 포획하는 것이 그 예가 될 것입니다. 경제활동을 확대하기 위하여 삼림을 벌채하는 것도 생각해 볼 수 있는 문제입니다. 인간이 손을 대지 않고 자연 그대로 굽이쳐 흘러가는 강에서 유지해 왔던 생물다양성이 물길 정비에 의하여 사라지는 것도 한 예일 것입니다. 두 번째 위기는 인간이 활동하지 않아서 생긴 위기입니다. 마을동산에서 잔디를 깎거나 낙엽을 줍는 것으로 생활을 하던 사람들이 없어짐으로써 그때까지 유지되어 온 생물다양성이 사라지는 것입니다. 원숭이, 사슴, 멧돼지 등과 같은 특정 생물들이 너무 많이 증가하는 것이 그 예가 될 것입니다. 세 번째 위기는 인간이 유입한 것에 따른 위기입니다. 사향고양이과에 속하는 몽구스나 미국너구리 같은 외래종에 의하여 재래종이 멸종의 위기에 노출된 것이 그 예입니다. 종이 멸종할 뿐만 아니라, 거기에 있던 생물계가 소멸되는 사태가 발생할지도 모릅니다. 외래생물은 본래 살고 있던 생물계에 대하여는 대단히 위협이 되는 존재입니다. 일본에서는 「특정 외래생물에 의한 생물계 등에 관련된 피해방지에 관한 법률」, 이른바 「외래생물법」을 제정하여 규제하고 있습니다.

일본정부가 2012년 각료회의에서 결정한 「생물다양성국가전략 2012~2020」에서는 네 번째 위기로서 온난화 등 지구환경의 변화에 의한 위기를 들고 있습니다. 바로 기후변화에 의한 생물다양성의 위기입니다. 구체적으로는 기후변화, 해수면 상승 등에 의하여 생물의 생존이 위협받는 것입니다.

이러한 논의가 진행되고 있는 상황 속에서 생물다양성의 개념을 어떻게 평가할 것인가를 생각해 봅시다.

현재의 생태계가 변화하는 것이 과연 문제일까요? 아니면, 인간의 활동으로 생태계에 변화가 생기는 것이 문제일까요? 지구상에 인간이 없었다고 해도 서식하는 생물이 다양하게 교체되었을 것입니다. 완전하게 안정된 생태계를 생각하는 것은 현실적이지 않습니다. 따라서 생태계가 변화하는 것 자체를 문제시하는 것은 어려울 것입니다. 그래서 크게 두 개의 변화로 나누어 비교해 보겠습니다. 「생태계 0」에서부터 출발하여 인간의 활동에 의하여 「생태계 1」로 변화하는 경우와, 인간이 없어도 어떤 변화가 일어나 「생태계 2」가 되는 경우를 비교해 봅시다 (그림 2.1 참조).

[그림 2.1] 인간활동의 유무가 생태계에 미치는 변화

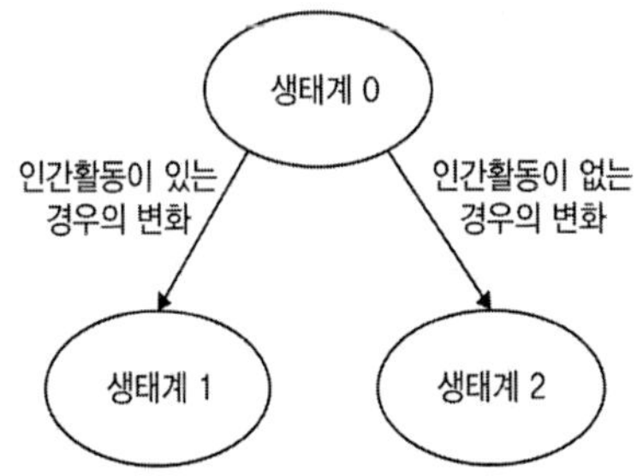

생물다양성국가전략 등의 논의 배경에는, 인간의 활동으로 생태계에 변화가 발생하는 것을 문제시한다는 입장이 있습니다. 인간의 활동이

이전과는 달라졌다는 것을 이유로 생태계에 변화가 생겨난 것을 문제시하고 있는 것입니다. 인간의 활동에 변화가 있었다고 해도 생물의 다양성, 생태계의 다양성이 감소하지는 않습니다. 지금까지와는 다른, 별종의 다양성이 나타날 가능성이 있습니다. 생태계에 변화가 발생하는 것이 자연계에서는 일반적이라고 해도 인간의 사정이나 형편으로 변화가 발생할 것 같은 것은 가급적 회피하려고 한다는 발상입니다. 또 인간의 활동은 생태계에 큰 영향을 주는 것으로서, 인간이 활동하고 있어도 가능한 한 '생태계 2'에 가까운 상태가 되도록 노력하려고 하고, 나아가 본래의 '생태계 0'을 유지하자고 제창하고 있는 것으로 생각합니다.

'생태계 1'과 '생태계 2'의 경우, 어느 쪽에서 생물이 더 다양하게 될까요? 인간의 활동에 의해 사라지는 종도 있을 것입니다. 그러나 그 결과로서 새로운 종이 생겨나 다양성이 늘어갈 가능성도 있습니다. 다양성의 논의에서는 존재하는 종의 종류를 많게 하는 것만을 생각하는 것은 아닐 것입니다. 생물다양성이라고 하는 말로 논의하고 있는 것은 실은 생태계의 위기인 것이 많습니다. 환경기본법 제3조는 「생태계가 미묘한 균형을 유지함으로써 성립하고 있는」 것을 우선 확보한 뒤에, 제14조는 「생태계의 다양성의 확보, 야생생물종의 보전 기타 생물의 다양성 확보를 도모해야」 한다고 기술되어 있습니다. 생물다양성을 확보함으로써 생물계의 다양성을 확보하자라고 이해할 수 있겠지요. 최종적으로 달성하고 싶은 것은 생태계의 보전입니다.

▶ 인류의 생존이 최대의 목적이다

생물다양성을 둘러싼 논의의 근저에는 인간의 이익을 어떻게 지킬 것이냐는 관점이 있다는 것은 앞서 서술한 바입니다. '생태계 1'보다 '생태계 2'나 '생태계 0'의 상태가 바람직하다고 생각하는 것은 인간의 존재를 부정적으로 취급하는 자세처럼 보이겠지만, 인류의 생존을 절대시하는 가치판단이 전제로 되어 있습니다.

<표 2.1>을 봐 주십시오. 세로 줄에는 인간활동의 변화가 환경을 해한다고 생각하는가 아닌가라는 지표, 가로 줄에는 생물다양성을 보전하는 전제로서 인류의 생존을 생각하는가 아닌가라는 지표가 나와 있습니다. 이렇게 하면 두 개의 지표에서 생물다양성 보전의 방향성을 나타내는 4개의 패턴을 상정할 수 있습니다.

[표 2.1]　　생물다양성보전의 방향성

	인류에게 좋은 상태를 실현하는 것을 생각한다	인류와는 독립한 자연 상태를 유지하는 것을 생각한다
인간활동의 변화는 환경을 해한다고 생각한다	(a)	(b)
인간활동의 변화는 환경을 해하지 않는다고 생각한다	(c)	(d)

인간활동의 변화가 환경을 해하지 않는다고 하는 견해는 이제는 어디에도 없을 테지요? (c)와 (d)의 패턴을 생각하는 것은 현실적이지 않습니다. 인간활동의 변화는 환경을 해한다고 해야 할 것입니다. 그렇다면 문제는 인류의 생존을 전제로써 생물다양성 보전의 방향성을 생각해야 할까요 아닐까요? 인류의 생존은 중요하지 않다, 인류를 제외한 생물다양성을 확보하는 것이 중요하다고 하는 주장도 있겠지요? 이는 (b) 패턴에 해당하는 사고방식을 것입니다. 인류와는 독립한 자연의 상태를 유지하는 것을 목표로 하여, 인류는 없어져도 좋기 때문에 (인류 이외의)

생물다양성을 유지하려고 하는 발상이라고도 말할 수 있을 것입니다.

이 점에 대하여 생물다양성기본법은 어떠한 입장을 취하고 있을까요? 생물다양성기본법의 전문(前文)에는 다음과 같이 기술되어 있습니다.

> 생물다양성기본법 전문(일부 발췌)
>
> 인류는 생물의 다양성이 가져다주는 혜택을 향유함으로써 생존해왔고, 생물의 다양성은 인류 존속의 기반이 되고 있다. (중략) 한편, 생물의 다양성은 인간이 행한 개발에 따른 생물종의 멸종과 생태계의 파괴, 사회경제정세의 변화에 수반되는 인간활동의 축소에 의한 마을동산의 황폐화, 외래종 등에 의한 생태계의 교란 등 심각한 위기에 직면하고 있다. (중략) 우리들은 인류공통의 재산인 생물다양성을 확보하고, 그것이 가져다주는 혜택을 장래에도 향유할 수 있도록 다음 세대에 계속 이어줄 책임이 있다. 지금이야말로 생물다양성을 확보하기 위한 시책을 포괄적으로 추진하고, 생물다양성에 대한 영향을 회피하거나 최소화하면서 그 혜택을 장래에도 향유할 수 있도록 지속가능한 사회의 실현을 향한 새로운 한 걸음을 내디뎌야 한다.

여기에서는 인류의 생존, 복지의 향상을 생각하는 자세, 즉 <표 2.1>에 있는 (a)의 사고방식에 입각하고 있는 것이 선명하게 드러나고 있습니다.

▶ 확실하게 생존할 수 있기 위하여 현재의 생태계를 지킨다

'생태계 0', '생태계 1', '생태계 2'를 비교하여 어느 쪽의 상태가 인간에게 최적일까 명확히 단언할 수는 없을 것입니다. 실제로 잘 모르겠다고 하는 것이 속내일지도 모릅니다. 그러므로 현재의 상태를 파괴하는 것은 그만두어야 한다고 하는 생각이 주장되고 있습니다. '생태계 1'

이 가장 좋을지도 모르지만, '생태계 0'보다 나쁘게 될 가능성도 있습니다. 장래가 불확실하기 때문이라고 하는 데에는 확실하게 인류가 생존할 수 있는 현재 상태를 유지하고자 하는 이유가 있습니다.

그 토지 본래의 생태계를 유지하자고 하는 목소리를 들을 수 있습니다. 무엇이 「그 토지 본래의 생태계」인가, 차분히 생각해 보면 실은 잘 모르겠지만, 그 토지에서 옛날부터 인간이 생활할 수 있었기 때문에 안심하고 살 수 있는 현재(또는 과거)의 모습을 유지하자고 하는 발상이 나타난 것이겠지요. 장래의 생활환경을 확실하게 예측할 수 있는 경우와, 그렇지 않은 경우와는 당연하게도 전자가 바람직할 것입니다. 생물다양성을 둘러싼 논의는 장래의 불확실성을 가급적 줄이려고 하는 시도입니다.

생물다양성기본법은 「보전」이라는 말을 반복하여 사용하고 있습니다. 보전이라는 것은 보호하여 안전하게 한다는 것을 의미합니다. 인간활동에 변화가 생겨 생물다양성이 위기에 처할 가능성이 있다고 한다면, 우선은 현상유지에 노력하여 인류가 확실하게 생존할 수 있는 환경을 남겨야 한다고 생각합니다.

— 靑木淳一 · 六車 明(아오키 준이치 · 로쿠샤 아키라)

2.2 다양화 된 생물

▶ 생물의 특징

지구가 탄생한 것은 46억 년 전이고, 최초의 생물이 탄생한 것은 36~38억 년 전입니다. 그 후 진화에 의해 다양한 종이 형성되었고 현재 지구상에는 수백만에서 수천만 종의 생물이 살고 있습니다. 여기에서는 우선 생물의 특징을 생각해 보기로 하겠습니다.

생물은 당, 단백질, 핵산, 지방 등의 유기물(생물에 유래하는 탄소를 포함하는 화합물)로 구성된 「세포」로 구성되어 있습니다. 세포 속에서 태양빛과 이산화탄소, 물로부터 유기물을 만들어내거나 세포 밖에서 들어온 유기물(영양분)을 효소라고 하는 단백질의 도움을 받아 화학반응에 따라 분해되어 살아가기 위해 필요한 에너지를 얻습니다. 그 에너지를 이용하여 운반하고 생물체를 만들고 있는 유기물을 합성할 수 있습니다. 이러한 생물체 내에서의 유기물의 분해와 합성을 「대사」(代謝)라고 합니다. 유기물의 일종인 핵산에는 DNA와 RNA가 있습니다. <그림 2.2>에 나타난 바와 같이, DNA의 어떤 부분은 생물의 형태와 성질을 결정하고, 부모로부터 자식에게로 이어지는 유전자 부분입니다. DNA를 구성하고 있는, 아데닌(A), 티민(T), 구아닌(G), 시토신(C) 등 4종류의 염기서열은 아미노산의 배열을 결정합니다. 아미노산은 단백질을 구성하는 화합물로 글루타민산 등 20가지 종류가 있는데, 그것들이 어떤 순서로 몇 개 나열하는가가 유전자에 의해 결정되는 것입니다. 따라서 유전자는 이른바 단백질의 설계도라고 할 수 있습니다. 그 설계도에 나타난 아미노산이 모두 순서대로 배열되면 입체적으로 조립되어 단백질이 됩니다. 단백질에는 효소 외에 세포의 구조를 유지하는 것, 세포 내의 물질을 운반과 관련된 것, 수축과 이완 등의 운동에 관련된 것, 호르몬과 독소 등 여러 가지 것들이 있습니다. 종류와 개체에 따라 유전자가 다르므로 다른 단백질이 만들어져 형태와 성질이 다양하게 됩니다. 대사에 의한 DNA의 구성물이 합성되어 복제되면, 생물은 분열되어 자손을 만들어냅니다.

정리하자면, 생물의 특징은 기본단위인 세포가 영양분을 취하여 에너지를 만들어내는 것, 유전자를 지니고 자손을 만들어낼 수 있는 것입니다.

[그림 2.2] 유전자를 기본으로 하여 단백질을 합성한다

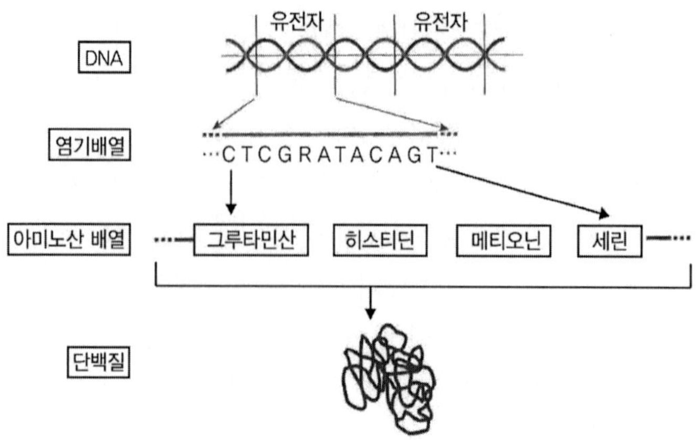

▶ 최초의 생물

지구가 탄생했을 때에는 대기 중에 수증기, 질소, 이산화탄소, 수소, 메탄, 암모니아 등 간단한 분자들만이 존재하고 있었습니다. 이러한 분자들이 우연히 조합되어 아미노산과 핵산염기 등 간단한 유기물이 되었습니다. 이러한 화학반응이 일어나는 데에는 에너지가 필요했는데, 그것은 번개, 자외선, 바닷속 열수(熱水) 등에 의해 공급되었다고 생각합니다. 아미노산이 연결되어 있으면 단백질이라고 하는 고분자화합물이 되고, 염기와 당과 인산이 결합하면 핵산이 됩니다. 이러한 고분자화합물이 모여져 자연스럽게 경계(세포막의 원형)가 생겨났습니다. 경계 속의 고분자화합물의 조합은 다양합니다. 그것들 가운데 우연히 화학반응을 일으키는 조합이 생겨나 밖에서 들어오는 화합물로부터 다른 화합물이 생성한다고 하는, 이른바 대사가 일어나 결국에는 핵산을 복제할 수 있게 되고, 분열이 일어나 자손을 만드는 것도 나타나게 되었습니다. 그것

이 최초의 생명(세포)이라고 여겨집니다.

▶ 유전자의 다양화 - 생물의 진화 -

DNA의 복제는 상당히 정확하게 이루어집니다만, 가끔은 잘못되어 복제되기도 합니다. 그렇게 되면 설계도의 염기배열이 변해버려 드물게는 아미노산 배열이 변해 단백질이 변하게 됩니다. 이러한 변화가 작은 경우에는 단백질의 기능이 대체로 유지되지만, 변화가 큰 경우에는 본래의 기능이 발휘되지 못하게 됩니다. 그것을 「돌연변이」라고 합니다. 돌연변이가 일어난 단백질이 효소인 경우에는 화학반응이 더 이상 진행되지 않게 되어 버립니다. 오랜 기간 작은 변화들이 각각의 생물에 축적되어 왔습니다. 환경이 변하자 그러한 변화에 우연히 보다 잘 대응할 수 있는 생물이 자손을 번식하게 되었고, 그때까지의 생물과는 다른 별종이 나타나게 되었습니다. 이것이 바로 「진화」입니다. 다양한 장소에서, 다양한 진화가 발생하여, 다양한 종이 생겨났습니다. DNA의 복제 미스 이외에도 염기배열을 바꾸는 요인이 있습니다. 그것은 자외선이나 방사선 같은 전자파와 환경 중의 화학물질에 의해 DNA에 생성된 상처입니다. DNA 속에 티민이라는 염기가 인접해 있는 경우, 자외선을 맞음으로써 이것들이 착 달라붙게 되어 티민 이합체(티민다이머)라는 상처가 생깁니다. 또 방사선은 생물체 내의 물 분자를 분해하고 활성탄소를 생겨나게 하여 DNA의 고리를 끊습니다. 이러한 상처는 생물에 구비되어 있는 복구효소에 의해 대부분은 원래대로 복구되지만 느물게는 잘못되어 바로잡히는 일도 있습니다. 이것에 따라 염기배열이 변화하고 돌연변이가 생겨나는 것입니다.

유성생식을 하는 생물의 경우 암컷과 수컷이 존재하는데, 수컷은 정자, 암컷은 난자라고 하는 배우자를 만듭니다. 이것을 만드는 감수분열 과정에서 배우자의 유전자 조합은 다양해집니다. 암컷과 수컷은 각각의 부모로부터 많은 유전자를 받습니다. 예컨대, 감수분열로 정자가 만들어질 때, 수컷의 부로부터의 유전자와 모로부터의 유전자는 완전히 무작위로 선택됩니다. 어떤 정자에서는 부로부터의 유전자만 선택되지만 다른 정자에서는 부의 유전자와 모의 유전자가 반반씩 선택되기도 합니다. 더욱이 감수분열의 이른 시기에 부로부터 유래한 유전자와 모로부터 유래한 유전자가 병행되어 양자 간에 유전자교환(유전자재편성)이 일어나 부모의 유전자가 혼합됩니다. 이러한 과정에 의해 배우자의 유전자조합은 다양하게 되고, 하나도 똑같은 것이 없다고 말할 수 있습니다. 정자와 난자가 수정되어 하나의 세포가 되고, 이것이 분열·증가하여 태아가 되어 이후 자식이 생겨나는데, 같은 부모로부터 태어난 형제자매들은 서로 비슷하긴 해도 완전히 같지 않은 것은 이 때문입니다.

이와 같이 DNA의 복제미스, DNA에 생긴 상처의 복구미스, 유성생식과정 등 유전자의 조합은 다양하게 되어 오랜 시간에 걸쳐 생물은 진화해 왔습니다.

스케일 프리 네트워크(scale free network)와 수형도(樹型圖) 구조

상당히 큰 비행기가 뜨고 내리는 공항은 그리 많지 않은 반면, 대부분의 공항들은 작은 비행기밖에 뜨고 내리지 않습니다. 그러한 분포를 그래프로 나타내면 평균적인 발착수라고 하는 척도(scale)가 존재하지 않기(free) 때문에 그러한 네트워크를 「스케일 프리 네트워크」라고 합니다. 친구들과의 관계, 인터넷의 구조, 신경회로 등 다양한 것에서 자연스럽게 만들어진 보편적인 구조입니다. 한편, 우리들 인간사회에서 잘 구축되어 있는 것이 이것들과는 대조적인 나무모양그림 구조로 학문과 조직 등이 그 전형적인 예입니다.

스케일 프리 네트워크는 임기응변적이고, 비효율적이며, 비논리적이지만, 수형도 구조는 체계적, 효율적, 논리적입니다. 그러나 스케일 프리 네트워크는 문제가 발생했을 때 강하고 임기응변적인 대처가 가능합니다. 이에 대하여 수형도 구조는 하나가 끊어지면 기능이 정지되고 대체연결도 간단하지 않습니다. 자유롭게 진화해온 생물은 바로 스케일 프리 네트워크로 다양한 연관성을 가지고 있습니다. 예측할 수 없는 자연의 변화에 대하여 끈질기게 살아남아 온 것이지요. 인간의 사정으로 수형도 구조로 바꾸는 것은 위험한 일이겠지요.

杉本憲彦(스기모토 노리히코)

▶ 지구상의 생물다양성

최초의 생명이 탄생한 이후, 유전자가 다양해져 다양한 환경에서 다양한 생물로 진화해 왔습니다. 이들 생물들은 오랜 시간동안 직간접적으로 깊은 관계를 맺게 되어 서로의 존재를 필요로 하게 되었습니다. 식물은 독립영양으로 광합성을 통해서 다양한 유기물을 합성할 수 있는데, 단백질과 핵산의 합성에 필요한 질소와 인, 칼륨 등 필요한 미네랄은 동물의 배설물과 균류 등에 의한 분해산물로부터 얻을 필요가 있고, 동물은 식물을 먹이로 하여 영양분을 얻고 있는 것입니다. 이는 「먹이사슬」이라고 부르는 구조인데, 제1장에서 설명한 바와 같이, 피라미드형의 생태계를 이루고 있습니다(그림 1.4). 이처럼 지구상에는 여러 가지 생물들이 공존하고 있는 것입니다.

생물다양성기본법에서는 「생물다양성」을 다양한 생태계가 존재하는 것, 나아가 생물의 종간(種間) 그리고 종내(種內)에 다양한 차이가 존재한다는 것이라고 정의하고 있습니다. 종내의 개체마다의 차이는 유전자의 다양성에 따른 것이고, 그것이 개체의 차이로 나타난 것입니다. 이것은 돌연변이와 유성생식에 의해 발생한 것입니다. 유전자가 변함으로써 진화하여 원래의 종과 번식할 수 없게 되면 다른 종이 탄생하게 되는데, 종간의 차이는 많은 종 사이에서 유전자의 다양성이 존재한다는 것을 의미합니다. 『이와나미(岩波) 생물학사전(제5판)』에 의하면, 생태계는 에코시스템, 즉 생물권(biosphere)이고, 어떤 지역에 사는 모든 동물과 그 지역 내의 비생물적 환경을 하나로 통합하여 파악하는 계(系)라고 정의하고 있는데, 해양생태계, 호수와 늪생태계, 사막생태계, 초원생태계, 삼림생태계, 도시생태계 등으로 구분할 수 있습니다. 이러한 생태계의 물, 공기, 토양, 기온 등의 환경은 다양하여 여러 가지 생물이 생존하고 있습니다.

이들 생태계에는 인간에게 유익한 것이 있습니다. 식물의 일부는 재배되어 곡물과 채소 등의 식재료가 됩니다. 벌은 농작물이 수분(受粉)하는 데 도움을 줍니다. 새는 나무열매를 먹고 다른 장소에서 그 씨를 똥과 함께 배출합니다. 이것이 발아하여 그 나무의 생육범위가 확대됩니다. 여러 가지 곰팡이들로부터 항생물질이 만들어져 인간의 병을 치료하는 데에 사용됩니다. 나무나 대나무는 건축자재로도 사용되고 있습니다. 삼림은 공기를 정화하고 홍수피해를 줄여줍니다. 그러나 인간이 이용하지 않거나 피하는 생물도 있습니다. 그것은 잡초, 유해동물, 해충, 병원균 등입니다. 이처럼 다양한 생태계에는 인간에게 유익한 것과 유해한 것 등 다양한 생물이 존재하고 있습니다.

▶ 유전자변형에 의해 새로운 생물을 만들다

DNA의 염기배열을 기초로 하여 단백질을 합성한다고 하는 원리는 지구상의 생물에 공통적으로 나타납니다. 이것에서부터 어떤 생물종의 유전자를 추출하여 다른 생물종의 DNA에 집어넣어 그 유전자를 작동시킬 수 있는 기술이 개발되었습니다. 그것이 「유전자변형기술」로서 이것에 의해 만들어진 생물은 유전자변형생물이 됩니다. 앞서 서술한 감수분열에 의한 유전자변형은 개체 내에서 부에서 유래하는 DNA와 모에서 유래하는 DNA 사이에 자연적으로 일어나는 것인데, 이 기술에 의한 유전자변형은 이종생물 간 인공적으로 이루어지는 것입니다.

예컨대, 의료분야에서 예전에는 당뇨병의 치료에 필요한 인슐린을 돼지로부터 추출하여 사용했는데, 유전자변형기술에 의해 인간의 인슐린 유전자를 대장균에 집어넣어 그 대장균을 증식시켜 대량으로 인슐린을 합성할 수 있게 되었습니다.

인구증가에 의한 식량위기에 대응하기 위해서는 농산물의 증산이 필요한데, 이 기술은 이를 위해서도 사용되고 있습니다. 예컨대, 어떤 농약을 분해할 수 있는 유전자를 발견하여 그 유전자를 추출해서 다른 생물, 예컨대 대두콩의 DNA에 집어넣습니다. 그 유전자가 작용하여 그 대두콩은 농약을 살포해도 말라 죽지 않고 살아갈 수 있는데, 주변 잡초 등의 식물은 그 유전자를 가지지 않으므로 농약에 의해 말라 죽고 맙니다. 이로 인해 효율이 높은 대두콩을 수확할 수 있습니다. 이처럼 유전자변형에 의해 새로운 유전자조합을 가진 생물이 탄생하는 것입니다. 이것은 이른바 인공적 생물다양성이라고 할 수 있겠지요.

▶ 생물다양성의 위기

최근 인간에 의해 이 생물다양성의 유지가 위협받고 있습니다. 인간의 활동이 왕성한 것에 의한 위협과 활동의 축소에 의한 위협이 있습니다. 전자의 예로서는 삼림벌채와 습지의 매립 등 개발에 의해 서식지가 없어지게 되어 야생종이 멸종되어 가는 것을 들 수 있습니다. 또 글로벌화에 의해 국제화가 왕성하게 되어감으로써 외래종이 도입되어 이전의 종이 쫓겨나는 예도 있습니다. 상업적인 가치가 있는 코끼리와 코뿔소 등 동물의 남획도 생물다양성에 위협이 되고 있습니다. 후자인 인간의 활동 축소에 의한 예로서는 마을동산이나 마을노지가 황폐하게 되어 다양성이 소실되는 것을 들 수 있습니다. 마을동산이나 노지는 벌채 등 적절히 사람이 들어가면 생태계가 유지될 수 있지만 고령화 등으로 사람이 들어가지 않게 되어 돌볼 수 없게 되면 사슴이나 멧돼지 등 특정한 야생생물이 늘어나 숲이 황폐하게 되어 다양성이 줄어들어 갑니다.

또 인간의 생활이 풍족하게 되어 이산화탄소 등 온실가스 배출이 증가하여 지구온난화가 진행됨에 따라 기온상승이나 가뭄, 홍수가 생겨나고 서식지가 변화하거나 파괴되어 생물이 멸종으로 내몰릴지도 모릅니다. 또한 식물은 종자를 분산함으로써 천천히 생육범위를 넓혀 가는데, 지구온난화가 급속하게 진행되면 종자의 분산이 이를 따라잡을 수 없게 되어 온도상승에 적응할 수 없어 멸종하게 되는 것도 생각해 볼 수 있습니다.

▶ 생물다양성을 지키기 위해서는?

현재 지구상에는 수백만에서 수천만 종의 생물이 서식하고 있다고 추정됩니다. 아직 발견되지 않은 종도 많이 있을 수 있겠지요. 인류가 알지 못하는 사이에 멸종한 종도 있을 것이라고 생각합니다. 생물다양성기본법 전문에는 「생물다양성은 인류 존속의 기반이 되고 있다」고 규정하고 있기 때문에 다양성을 지키는 것은 어디까지나 인류를 위한 것이라고 하고 있습니다. 그러나 「생물학적」으로는 생물다양성을 지킬 때 인류의 존속에 도움이 되는 종만을 선별하는 것은 좋지 않다고 생각합니다. 어떤 종이라도 생태계 속에서는 간접적으로 중요한 역할을 하고 있을지도 모르기 때문입니다. 또 장래 그 종이 훌륭한 약효성분을 가지고 있다는 것이 발견되어 인간에게 도움이 될지도 모릅니다.

열대우림에는 많은 생물종이 생존하고 있어 이른바 생물다양성의 보고라고 할 수 있습니다. 이러한 열대우림을 가지고 있는 개발도상국에서는 인구의 증가가 예상되어 계속해서 토지를 개발하여 거주지와 농지를 확대하여 갈 것이라고 생각합니다. 개발에 따라 삼림을 벌채해버리면 거기에 살고 있는 생물의 서식지가 침탈되어 생물다양성이 사라지게 되겠지요. 이를 재생하는 데에는 많은 시간이 필요할 것입니다. 이 열대우림을 지키는 것이 지구상의 생물다양성을 지키는 것입니다. 현재 멸종에 직면한 생물은 「레드 데이터 북(red-data book)」[1]에 기재되어 있는데, 이러한 종을 지키기 위해서는 멸종의 원인을 제거하고 서식지를 포함하여 보호하거나 인간의 손으로 어느 정도 증가시킨 이후 본래대로 되돌려서 지키는 것이 필요하다고 생각합니다.

– 가나야 노부히로(金谷信宏)

1) 레드 데이터 북은 적색자료목록이라고 하는데, 이는 국제자연보전연맹(IUCN: International Union for Conservation of Nature)이 1963년 종의 보전상태를 기록한 목록으로써 세계에서 가장 포괄적인 동식물의 보전상태를 기록한 목록이다.

2.3 다양성을 지키는 것의 합리성

▶ 농업의 다면성

농업기본법은 전후(戰後) 농업의 바람직한 상태를 결정짓는 중요한 법률이었습니다. 농업은 나라 전체의 경제활동 속에서도 큰 비중을 차지하고 있어 종사자 수로 보아도 큰 존재입니다. 그런데 전후 경제부흥을 달성하고 그 뒤를 이어 고도성장을 하는 와중에 농업에서 다른 산업으로 인구가 크게 이동되었습니다. 농업으로는 이제 더 이상 돈벌이가 되지 않았던 것입니다. 농업에 드는 노동은 고통스럽다는 등의 이유로 농업을 그만두고 도시의 공업이나 서비스업을 담당하는 사람들이 늘어났습니다. 이러한 변화에 대하여 대규모화·기계화에 의한 근대화를 추진하여 농업을 지속시키는 정책의 기초를 만들기 위하여 1961년 농업기본법이 제정되었습니다.

근대화를 추진한다는 것은 인간의 수작업 대신 기계의 역할이 커지거나, 개인의 노력이 아니라 집단적인 경영에 의해 일손이 적어도 할 수 있는 농업을 의미합니다. 일손의 유출이 농업기본법을 만드는 계기였지만 법률에서 목표로 삼은 것이 성공한 결과, 점차 일손의 유출이 진행되었습니다. 또 경제성장을 했기 때문에 식료를 외국에서 구입하는 것이 저렴하고, 품이 들지 않는 시대가 되었습니다. 그럼으로써 국내에서의 농업생산의 역할이 낮아지고, 나아가 농업종사자들도 적어지게 되었습니다.

대다수의 국민들이 농업에 종사하지 않게 되고, 식료의 수입의존도가 커지는 상황에서 농업 본연의 모습을 생각하는 관점도 변해갔습니다. 농업기본법이 제정될 당시에는 농업이 중요하다는 것은 당연한 것으로서 전제하고 많은 사람들이 이에 동의했습니다. 그러나 21세기를 맞이하게 될 즈음에는 이를 전제할 수 없게 되어 왜 농업이 중요한지를 명확하게 설명하지 않으면 안 되었습니다.

이러한 시대배경 속에서 1999년에 농업기본법이 폐지되고 새로운 식료·농업·농촌기본법이 만들어졌습니다. 농업은 식료라고 하는 인간의 생존에 있어서 필수적인 것을 생산한다는 점에서 중요한 것이기 때문에 법률의 처음에 「식료」(食料)라고 하는 단어가 붙었습니다. 식료의 생산을 외국에 의존해서는 안 되며, 국내에서 자급하는 것이 중요하다는 생각도 강조되게 되었습니다.

법률이름 마지막에 「농촌」이라고 하는 단어가 붙은 것도 유의 깊게 보아야 합니다. 농업은 농촌을 지키기 위하여 중요한 것이라는 생각에서 나온 것이기 때문입니다. 그리고 농촌을 지키는 중요성은 식료 생산과의 관련성뿐만 아니라 농촌이 하고 있는 다면적인 기능에 의한 것이라는 생각이 분명하게 등장했습니다. 식료·농업·농촌기본법 제3조에는 다음과 같이 규정되어 있습니다.

식료 · 농업 · 농촌기본법 제3조

국토의 보전, 수원(水源)의 함유량, 자연환경의 보전, 양호한 경관의 형성, 문화의 전승 등 농촌에서 농업생활활동이 이루어짐으로써 생기는 식료 기타 농산물의 공급기능 이외의 다방면에 걸친 기능(이하 「다면적 기능」이라 한다)에 대하여는 국민생활 및 국민경제의 안정을 달성하는 역할에 비추어볼 때 장래에 걸쳐 적절하고도 충분히 발휘되어야 한다.

여기에서의 「자연환경의 보전」 속에 생물다양성을 유지하는 데 공헌하는 것이 포함되어 있습니다.

농업을 보호하기 위하여 세금을 투입하는 것이 잘하는 일인지 여부를 논의하기 위해서는 농업보호가 왜 필요한가를 설명해야 합니다. 농업기본법이 시행되고 있던 시절이라면 고용, 소득에의 공헌이 컸을 뿐만 아니라 식료생산을 하는 산업은 특수한 산업으로서 보호해야 할 것이라고 하는 의견은 그다지 저항 없이 받아들여졌습니다. 그러나 농업의 비중이 작아지고, 식료 수입이 예전보다 간단하게 할 수 있는 시대가 되어 농업보호의 근거로써 식료생산만을 주장할 수만은 없게 되어버렸습니다. 그래서 등장한 것이 다면적 기능이라는 논의입니다. 농업은 식료 생산 이외에도 생물다양성의 유지를 비롯하여 다면적인 기능을 가지고 있으므로 보호해야 한다고 생각하게 된 것입니다.

▶ 생물다양성을 지키는 것의 가치

생물다양성을 유지하는 것은 가치가 있는 것일까요? 현실적으로는 중요하다, 가치가 있다고 하는 사람도 있을 것이고, 가치가 없다고 생각하는 사람도 있겠지요. 생물다양성에 한하지 않고 환경 전반의 가치에 대하여도 말할 수 있을 것입니다. 실은 다양한 가치관을 인정하는 현대 사회에서는 어떤 일에 관해서 누구나가 반드시 합의하는 가치관을 생각하는 것이 곤란합니다.

다양한 생물이 있다는 것은 그 자체가 가치가 있는 것이라고 생각하는 사람도 있을 것이고, 그러한 것에는 가치가 없다고 생각하는 사람도 있겠지요. 그래서 가급적 많은 사람들에게 생물다양성이 중요하다는 것을 설득하기 위한 이유를 생각하게 되었습니다.

그 하나로서 「옵션가치」라고 하는 생각이 참고가 될 것입니다. 생물이 다양하다는 것은 현재의 인류에게는 가치가 없다고 해도 장래 어떤 형태로든 인류가 이용할 수 있는 생물이 있을지도 모릅니다. 사용할 수 있는 권리=옵션을 많이 가지고 있기 위하여 남겨두어야 한다는 발상입니다.

예컨대, 지금까지 없던 질병이 유행하기 시작했을 때 그 질병에 대항하기 위한 치료약의 개발이 급선무일 것입니다. 그것을 개발할 때에는 생물계에 있는 여러 가지 자원을 시행착오를 거치면서 이용하면서 무엇이 특효약이 될지를 연구하게 될 것입니다. 사용할 수 있는 자원이 많으면 많을수록 특효약을 발견할 가능성이 커집니다. 지금은 인류에게 어떤 도움도 되지 못한 것처럼 보이는 생물이 생각지도 않은 형태로 인류를 구하게 될 수 있을지도 모릅니다.

열대우림에는 많은 생물들이 서식하고 있습니다. 그 대부분은 지금의 인류에게는 도움이 되지 않겠지요. 그러나 이들 생물이 가지고 있는 유전자정보가 장래 언젠가 인류의 생존에 도움이 될지도 모릅니다. 또 그 유전자정보를 남기기 위하여 주변 생물을 남기는 것에 의의가 있을지도 모릅니다.

우선 남겨 둔다면 좋을 것이라고 하는 발상은 합리적으로 보이지 않을지도 모릅니다. 그러나 장래의 불확실성 때문에 우선 가지고 있어 보자라는 발상은 많은 경우 합리적이게 됩니다. 예컨대, 돈을 운영하는 경우입니다. 돈이 어느 정도 있을 때 그 금액을 현금으로 가지고 있어도 불어나지 않습니다. 일부는 주식이나 채권 등으로 운영하는 것이 보통입니다. 그때, A사의 주식이 돈이 될 거라고 생각하고 자신의 돈을 전액 그 주식에 쏟아부을 사람은 많지 않을 것입니다. 주식에 투자하면 돈을 벌 가능성이 있지만, 손해를 볼 가능성도 있을 수 있기 때문입니다.

세상에는 다양한 주식과 채권 등 운영수단이 있어서 어떤 것의 가치가 하락할 때 다른 것이 올라가는 것이 보통입니다. 잘 나가는 회사가 있다고 한다면, 그렇지 않은 회사도 있습니다. 모든 주식이나 채권이 폭락할 것 같은 경우도 역사적으로는 종종 있었는데, 통상의 회사상태에서는 가격의 상승·하락의 움직임이 다양합니다. 그래서 운영을 생각할 때에는 지금 돈을 벌 수 있을 것 같은 어떤 것에만 집중하여 투자할 것이 아니라, 투자를 분산시켜 두고 크게 돈을 벌 수 있는 것과 그다지 돈을 벌 수 있을 가능성이 없는 것으로 구성해야 합니다.

이러한 생각을 좀 더 파고든다면, 손해를 볼 수 있을지 모르는 것에도 투자해 두는 것이 합리적이게 됩니다. 물론 절대적으로 손해가 나는 것에 투자할 필요는 없겠지요. A라는 주식과는 반대의 움직임을 보이는 B라고 하는 주식을 산다고 할 때, A에서 돈을 벌 때는 높은 확률로 B에서는 손해를 보게 될 것이지만, A가 손해를 보게 되는 때에는 반대로 B에서 돈을 벌 수 있는 확률이 높아집니다. 어느 쪽이든지 돈을 벌 수 있게 되어 다른 곳에서의 손실은 메꿀 수 있는 것이 확실하게 돈을 벌 확률을 높일 수 있습니다. 전액을 A에 투자하는 쪽이 결과적으로는 돈을 벌 수 있을지도 모릅니다. 그러나 사전에는 불확실한 상황에서 판단할 수밖에 없기 때문에 수익의 기대액이 작아진다고 해도 그것을 받아

들일 확실성을 높이기 위해서는 A와 B에 분산투자하는 것이 합리적입니다.

투자자가 이러한 발상에서 행동하는 것에 부응하기 위해 금융기관도 금융상품을 개발하고 있습니다. 예컨대, 현재 1,000원으로 구입할 수 있는 A사의 주식을 1년 후에 2,000원으로 살 권리를 발매하는 것입니다. 이것은 권리에 불과하기 때문에 그 권리를 행사해도, 행사하지 않아도 상관없습니다. 1년 후에 A사의 주식이 3,000원이 된다고 한다면 권리를 행사하여 2,000원에 사서 금방 매각하여 1,000원을 벌 수 있습니다. 지금 1,000원에 살 수 있다면 1년 후에 3,000원으로 매각하여 2,000원이나 벌 수 있으므로 그 편이 돈을 벌 수 있다고 생각할 수 있을 것입니다. 그러나 만약 A사가 도산하여 주식의 가치가 0으로 되어버릴지도 모릅니다. 이런 경우에는 지금 구입한 (1년 후에 2,000원에 살 수 있는) 권리를 위한 지불만으로 손해를 막을 수 있습니다. 이러한 권리의 매각을 「옵션거래」라고 부르는데, 현대의 금융거래에서는 중요한 역할을 하고 있습니다. 금융거래로 확실하게 돈을 벌 것을 계산하는 합리적인 행동을 유지할 수 있기 때문입니다.

『「다양한 의견」은 왜 올바른가』라는 책이 있습니다. 다양성이 생각지도 못한 힘을 발휘한다는 것을 설명한 책이지요. 해결 곤란한 문제에 대하여 그 문제의 전문가들이 모여 논의해도 그다지 문제를 해결할 수 없는 것이, 전문가가 아닌 사람들도 포함된 다양한 인재들이 모임으로써 생각지 않은 해결방법을 찾을 수 있는 예를 소개하고 있습니다. 능력이 높다는 것도 중요하지만 다양하다는 것도 중요합니다. 능력이 낮은 사람이 있어도 좋고, 있는 쪽이 좋을 때도 있습니다. A라고 하는 특정집단이 있는 것보다 다른 B, C, D...라는 집단이 다양하게 섞여 있으면 A에게도 보다 좋은 길이 열릴 수 있겠지요.

<그림 2.3>과 같이 설명할 수 있습니다. 사람들이 단독으로 무언

가를 할 때에 비하여 모여서 하는 쪽이 규모의 이익을 낳을 수 있는데, 이러한 규모의 효과를 무시하면 생각나는 것은 평균적인 것밖에 없습니다. 다양한 개인이 모이면 재능의 차이가 생각지도 못한 조합을 이루어 평균 이상의 효과를 나타내게 할 수 있게 됩니다. 증권투자를 할 때 다양한 곳에 분산투자를 하는 것도 마찬가지의 이유입니다. 분산투자의 장점은 먼 옛날에도 수학적으로 증명된 것입니다.

[그림 2.3]　다양성의 이익

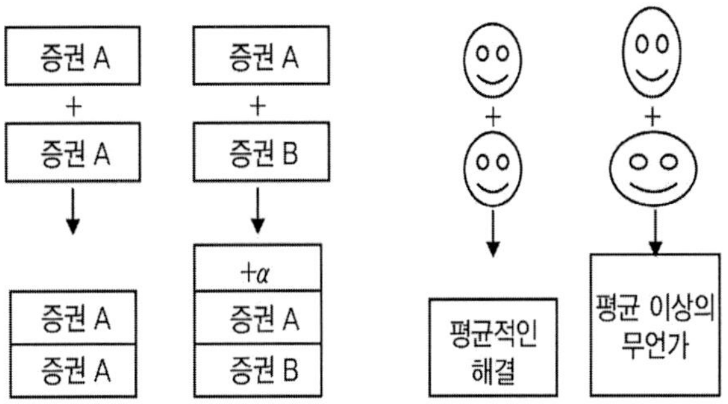

동일한 증권을 2개 가지고 있어도 2배밖에 되지 않는다.
다른 증권을 2개 가지고 있으면 단순하게 합친 것 이상을 기대할 수 있다.

동일한 사람이 2명 있는 것 보다 다른 사람들이 모인 것이 합한 것 이상의 무언가를 만들 수 있다.

생물다양성에도 같은 발상을 적용해 볼 수 있습니다. 생물 중에는 장래의 환경변화로 멸종되는 것도 있을 수 있고, 그 환경변화에 잘 적응하여 살아남는 것도 있겠지요. 장래의 환경변화에 대하여 어느 생물이 적응할지는 지금으로서는 알 수 없습니다. 또 인류가 생존하는 데 어떤 생물이 도움이 될지 지금으로서는 모릅니다. A가 도움이 될 때 B는 도움이 되지 않더라도, A가 쓸모없게 될 때 B가 유용하게 쓰일지도 모릅니다. 가급적 다양한 생물이 있음으로써 생태계 전체로서는 살아남을 확률이 높아질 것이고, 인간이 이용할 수 있을 무언가가 남아있을 확률도 높아지게 됩니다. 생물다양성에는 옵션가치가 있기 때문에 이를 지키는 것이 합리적인 것입니다.

대 담

2.4 가까운 문제부터 생각한다

— **로쿠샤(법학)** 인류의 문명이 발전되어 경제활동이 커진 결과, 우리들은 지구규모로 생태계에 영향을 주게 되었습니다. 또 품종개량, 유전자변형, 클론 등 생물에 관한 유전자조작연구가 진행된 결과, 지금까지와는 1차산업, 즉 농업, 임업, 축산업, 수산업의 방식도 변해 왔습니다. 우리 주변에 있는 자연과 생물과의 연관성에 대하여 우리들은 어떻게 생각하면 좋을까요? 생물다양성기본법 제15조는 야생생물의 종 다양성의 보전 등을, 제16조는 외래생물, 유전자변형생물 등에 의한 피해방지를 규정하고 있으므로 여기에서는 생각하기 쉬운 문제부터 유전자변형생물, 외래생물, 야생생물의 순으로 이야기해보도록 합시다.

▷ 유전자변형생물의 위험

— **로쿠샤** 우선 유전자변형에 관하여 기본적인 생각을 함께 나누어보고 싶습니다. 이것이 어떠한 것인지 설명을 좀 해주시겠습니까?

— **가나야(생물학)** 자연교배는 동일한 종 사이에서 일어나는 것인데, 유전자변형은 주로 이종 간에 발생하는 것입니다. 어떤 생물로부터 유

용한 유전자를 추출하여 종이 다른 별개의 생물에 그 유전자를 주입하거나 새로운 성질을 가진 생물을 만들어내는 것이지요. 그럼으로써 다양화하게 되는데, 말하자면 인공적인 다양화인 셈이지요. 이러한 것들이 늘어나면 지구의 생물다양성은 다른 것이 되겠지요.

— **아키야마(생물학)** 그러한 것이 자연의 환경, 즉 야생생물로 확대되어 간다는 것이겠지요.

— **가나야** 그렇습니다. 예를 들자면, 어떤 농약에 내성이 생긴 식물이 만들어진다고 합시다. 그 식물은 농약을 살포해도 죽지 않게 되지만, 주변에 자라고 있던 그 유전자를 가지지 않은 잡초는 죽게 됩니다. 현재 그러한 농약내성유전자와 특정한 해충을 죽이는 유전자를 조합한 옥수수와 대두콩 등이 미국, 브라질, 캐나다 등에서 재배되고 있습니다. 일본 국내에서 유전자변형작물은 상업적으로 재배되고 있지 않습니다만 그러한 작물을 수입하여 주로 사료나 가공식품에 사용하고 있습니다.

— **스기모토(물리학)** 그렇다면, 보기에 따라서는 외래종이라고 할 수 있겠네요.

— **가나야** 그렇습니다. 배에서 화물을 내리는 항구에서 그러한 종자가 이동하여 흘러들어오는 경우가 있는데, 그 종자가 이따금 발아하는 경우가 있습니다. 그 식물이 가까운 종과 교배하면, 도입된 유전자가 확대될 가능성이 있어 생태계에 악영향을 미칠 염려가 있습니다.

— **오오히라(경제학)** 변형된 생물을 만든다고 해도 반드시 다음 세대가 만들어지지 않도록 해야 하나요?

— **아키야마** 기본적으로 그러한 제한이 따르겠지요. 강력한 생명체가 될 가능성이 있으므로 재래종을 몰아내 버릴지도 모르기 때문입니다. 예를 들자면, 많은 잡초의 대부분은 볏과입니다만 농약내성유전자가 주입된 벼에서 그 유전자를 받으면, 농약에 강해지는 잡초가 만들어

질 가능성도 있습니다. 강력한 외래종이 되는 것이지요.

—**오오히라** 법률로 규제되고 있습니까?

—**로쿠샤** 2003년 6월 제정된 "카르타헤나법"[2]이 있습니다. 정식명칭은 「유전자변형생물 등의 사용 등의 규제에 의한 생물다양성의 확보에 관한 법률」이라고 합니다.

—**아키야마** 유전자변형생물의 취급에 관한 법률이군요.

—**오오히라** 이 법률은 종묘회사에 이득이 되기 때문에 만들어진 것이 아니라 위험한 생물을 만들어낼 가능성이 있기 때문에 그것을 규제하기 위하여 만들어진 것입니다.

—**아키야마** 그렇습니다. 다만 결과적으로는 종묘회사가 돈을 벌게 되겠지요. 유전자변형으로 도입된 유전자는 농약내성과 방충내성, 그리고 오래 보전할 수 있는 유전자입니다. 이러한 유전자변형작물은 기르는 사람에게는 득이 되겠지만 소비자한테도 그럴까요?

—**오오히라** 가격이 싸다면 소비자에게도 이득이 되겠지요. 하지만 먹는 사람에게도 안전성을 체크한 뒤에 유통시키고 있습니까?

—**가나야** 안전성 체크는 식품위생법에서 하고 있습니다. 발암성 체크 같은 것이지요. 유전자변형작물은 식량위기에 대처하기 위하여 만들어진 목적도 있으므로 식료 가격이 저렴하게 되면 소비자에게 득이 된다고 생각합니다.

—**아키야마** 방충내성유전자변형식물의 경우, 미량이라도 독물이 포함되어 있으므로 토양에 떨어져 농축되어 오염의 원인이 되거나 대상이 된 생물 이외에도 영향을 미칠 수 있을지도 모릅니다. 그것이 염려되는 바이지요.

—**오오히라** 성분 자체가 토양 속에 남아 있을 위험이군요. 이전부터 있어온 교배나 품종개량도 유전자를 변형한 것입니다. 지금 문제가 되

2) 카르타헤나(Cartagena)는 스페인 남동부에 있는 항구도시이다.

고 있는 유전자변형생물과는 어떤 차이가 있는지요?

—**가나야** 이종 간의 유전자변형은 자연 속에서는 발생하지 않습니다. 지금 문제가 되고 있는 유전자변형은 인공적으로 다른 종 사이에서 유전자변형이 되는 것입니다. 예를 들자면, 고초균(枯草菌)[3]과 식물 사이에서 일어나는 변형 같은 것이지요. 이 경우에 「유전자변형」이라는 말을 할 수 있겠지요.

—**오오히라** 그런데도 유전자가 변형된 생물과 다른 생물이 교배될 가능성이 있겠네요.

—**아키야마** 실제로 근처에서 재배된 유전자변형식물과 자연의 근록종(近綠種) 사이에 자연교배 된 예가 있습니다. 실제로 규제되어 교배하지 않도록 떨어진 장소에서 재배해야 했지요.

—**가나야** 예를 들어 유자씨 등 유채과끼리라면 교배될 가능성이 있습니다. 유채씨와 감자 사이에서는 그럴 가능성이 없지요.

—**고바야시(물리학)** 그다음 세대가 생겨난 적이 있습니까?

—**가나야** 가능성은 있습니다.

—**스기모토** 유전자변형생물을 개발하면 특허를 받아야 하겠지요? 또 특허를 받은 사람이 유전자변형생물에 기인한 문제에 책임을 져야 할까요?

—**가나야** 제조물책임 같은 것이겠지요.

—**로쿠샤** 카르타헤나법에서는 제1종사용과 제2종사용으로 나누고 있습니다. 제1종사용이라는 것은 일반적으로 유통 가능한 사용방법을 상정하는 것이고, 제2종사용은 연구용으로서 외부에 확산하지 않는 것입니다. 법률상의 구성으로서는 제1종사용은 사람들의 생활에 큰 영향을 미치므로 사전승인이 의무화되어 있습니다. 위반하면 벌칙이

---

3) 자연계에 널리 분포하는 비병원성 호기성 세균으로, 자연상태의 물이나 흙을 비롯하여 토양, 하수, 초지 등 널리 분포하고 공기 중에도 포자가 존재한다.

부과되어 유전자변형생물을 회수할 수도 있습니다.

—**가나야** 제2종은 연구용이라든지 상당히 좁은 범위에서 사용하는 것이네요.

—**로쿠샤** 그렇습니다. 시설 밖의 대기, 물, 토양 중에 확산하는 것을 방지할 의도로 유전자변형생물을 사용하는 경우가 제2종사용입니다.

—**아키야마** 연구용의 경우는 각 연구기관에서 '유전자변형실험 안전윤리위원회'가 있어 여기에서 매년 연구내용과 실험실의 규정, 어떤 바이러스, 어떤 유전자를 취급할지를 미리 신청하고 허가를 받게 되어 있습니다. 확산되지 않도록 하는 방법도 심사대상입니다. 연수를 받아야 할 의무도 있지요.

—**고바야시** 제1종사용의 경우에는 식물밖에 사용할 수 없습니다. 동물은 안 되는 셈이지요.

—**가나야** 해파리에 있는 형광을 발하는 유전자를 송사리에 넣어 빛나는 송사리를 만들어서 일반에게 공개했습니다만 지금 식용할 수 있는 유전자변형동물은 없습니다.

—**아오야마(법학)** 법률상으로는 「생물」이라는 문구밖에 찾아볼 수 없습니다. 현재 상황은 식물만일지 모르지만 법률은 그것에만 한정하고 있는 것은 아닙니다.

▷ 소비자가 가지고 있는 유전자변형식품에 대한 생각

—**스기모토** 일반인이 유전자변형식품을 먹고 싶지 않을 것이라고 생각하는 이유에는 무엇이 있을까요?

—**가나야** 유전자변형이라는 표시가 있으면 팔리지 않겠지요.

—**오오히라** 지식이 없기 때문에 그러한 판단을 하는 것인지, 지식이 있

기 때문에 적절한 판단을 하는 것인지 알고 싶습니다.

— 가나야 정확한 판단은 아니겠지요. 유전자변형식품의 안전에 대하여는 상당히 엄격한 심사를 하고 있습니다. 알레르기를 발생시키는지, 발암성 물질은 있는지 등을 조사합니다.

— 아키야마 과거에 알레르기가 발생하여 전부 회수된 예가 있었으므로 감정적으로 안정성에 불안감을 느낀다거나, 유전자조작 자체에 저항감이 있거나 하여 피하는 것이 아닐까 생각합니다.

— 오오히라 사람한테는 안전할지 몰라도 먹은 후에 생태계에 흘러 들어가면 어떤 위험이 있지는 아닐까요? 자신만을 생각할 것이 아니라, 지구 전체의 생태계까지 생각하는 현명한 소비자여서 그 사람이 유전자변형식품을 거부한다고 하는 것은 생각할 수 없을까요? 자기 자신의 신체의 문제가 아니라 생태계 전체를 생각해서 변형식품을 거부하는 것이라면 그것은 올바른 태도일까요?

— 가나야 거기까지 생각하는 사람은 많지 않겠지요.

— 오오히라 소비자가 거기까지 생각하고 있는지 아닌지를 논의하고 싶은 것은 아닙니다. 실제 위험이 있기 때문에 제2세대가 생기기 어렵게 되는 것이겠지요. 그것을 정확하게 이해한 소비자가 자신을 위한 것이 아니라 환경을 위하여 유전자변형식품을 거부하는 것은 있을 수 있는 일 아닐까요?

— 아키야마 생태계에 대한 위험을 생각하면 재래종한테는 변형작물이 확대되는 것이 큰 문제가 될지도 모릅니다. 하지만 본래 유전자변형작물의 개발은 인구증가로 인한 식량위기에 대비한다고 하는 목적이 있었습니다. 황무지에서 자랄 수 있는 질소고정[4]의 능력을 가진 식물을 만든다든가, 건조한 지역이나 사막에서도 자랄 수 있게 한다든

4) 질소고정이라 함은 생물이 대기 중에 존재하는 질소를 흡수하여 생물체가 이용할 수 있는 상태의 질소화합물로 바꾸는 작용을 말한다.

가, 해안가에 짠물이 넘쳐 와도 말라 죽지 않는 벼를 만든다든가 하는 목적입니다. 화분증(花粉症)[5]을 예방하는 벼를 만드는 시도도 있었습니다. 그러한 적극적인 목적도 있었고, 지금도 있다고 생각합니다. 연구는 계속되어야 할 것입니다. 생물학에서는 유전자변형기술을 이용하여 연구한 결과, 여러 가지 중요한 정보를 얻을 수 있었습니다. iPS세포[6]도 유전자변형기술을 받아들인 것입니다. 기술적으로 보면 대단한 것입니다.

— **스기모토** 살아 있는 생물에 손을 대는 것에 대하여 윤리적으로 문제가 있는 것은 아닐까요?

— **아키야마** 연구의 경우, 밖으로 나가는 것은 아니고, 유전자변형 자체가 학대가 되는 것은 아니므로 그것만으로는 문제가 되지는 않습니다.

— **오오히라** 변형이라는 것 자체가 학대라는 생각이 아닐까요?

— **아키야마** 그렇게 인식되고 있지는 않습니다. 유전자변형실험 그 자체는 유전자단편을 바이러스와 세포에 집어넣는 것으로서 유전자변형실험안전위원회의 지침에 따라 하는 것입니다. 그것을 동물에 도입하는 경우 동물실험이 되므로 각 연구기관의 동물윤리위원회에 신청하고 그 지침에 따라야 합니다. 어떠한 유전자를 어떤 동물에 주입하는지, 주입방법과 실험기법, 최종적인 처분방법도 적절한 방법을 취해야 합니다. 동물윤리위원회에서도 유전자변형실험 자체가 학대라고 하는 생각은 하지 않고 있습니다.

---

5) 화분증이란 주로 봄에서 여름에 걸쳐 꽃가루에 의하여 점막이 자극되어 일어나는 알레르기를 말한다.

6) iPS세포란 유도만능줄기세포(iPS: induced Pluripotent Stem Cell)를 의미한다. 이는 수정란이나 난자를 사용하지 않아 윤리 문제에서 자유로우면서도 분화능력은 배아줄기세포와 비슷한 수준인 줄기세포다. 이는 사람 피부세포에 유전자변형을 가해 배아줄기세포와 비슷한 분화 특성을 지닌 줄기세포를 뽑아내는 방식으로 만들어진다.

— **가나야** 인간의 수정란을 사용하는 것은 지금 당장은 대부분의 국가에서 윤리적으로 금지하고 있습니다. 다른 동물은 괜찮은가요?

— **아키야마** 기본적으로 어떤 동물이라도 연구 차원에서 유전자변형실험을 하는 것은 가능합니다. 얻어진 결과가 인간에게 적용하기 쉬우므로 쥐나 생쥐를 사용하는 실험이 많습니다. 저는 닭의 배아에 유전자를 주입한 적이 있습니다.

— **로쿠샤** 생물학자들 가운데에서는 윤리적인 문제가 발생하지 않는다고 말하는 것은 이해할 만 합니다만 세간에서는 윤리적인 문제로서 인식하고 있는 것은 아닐까요?

— **스기모토** 저는 유전자변형식품을 먹고 싶지 않다는 사람들의 근저에 있는 것이 윤리적인 것은 아닐까라고 생각합니다.

— **아키야마** 함부로 생명을 괴롭히지 말라는 얘기겠지요.

— **아오키** 학술적인 의견이라고는 말할 수 없지만 이런 얘기는 자연과학 분야에서 점차 연구가 진행되고 있어 제지하기 어려울 것 같기도 해서 그것을 법률로 억제한다든가 세계적으로 논의를 한다든가 해야 할 것 같습니다. 유전자변형식품도 그렇고, iPS세포와 같은 의료 분야도 그런 것이 아닐까요? 이와 같은 감각이 자연과학 분야의 연구에 대하여 사회과학적인 관점에서 문제를 삼거나 또는 세간의 일반인들이 가지고 있는 인상과의 차이가 아닐까 라고 생각합니다. 자연과학의 입장에서 보면 어떻게 볼 수 있을까요?

— **가나야** 자연과학의 입장에서 보면 생명 현상의 구조를 알고 싶다든지, 이를 위하여 새로운 기술을 사용하여 실험하고 싶다고 생각합니다.

— **아키야마** 유전자변형기술은 개개 유전자의 작용을 분명히 한다는 의미에서 얻어진 정보가 절대적인 기술입니다. 다만 연구자가 방만하게 연구를 시작한다면, 여러 가지 새로운 생물과 세균과 바이러스가 생겨나 예상하지 못한 강력한 생물이 나타날지도 모릅니다. 그것이

점차 자연환경에 나와 버리면, 큰일이 날 것이라고 예상했습니다. 그러한 염려에서 1972년 전 세계의 모든 유전자변형실험을 자발적으로 일단 정지하고, 주요 연구자들이 미국의 아실로마(Asilomar)에 모여 통일된 안전기준의 가이드라인을 만들었습니다. 그것이 바로 유명한 아실로마 회의[7]입니다.

이 가이드라인에 따라 각국은 연구기관마다 유전자변형실험실시를 위한 안전위원회를 만들게 되었습니다. 일본에서는 당시 문부성과 과학기술청에서 그 틀을 만들었습니다. 유전자변형에 관하여는 연구자가 가장 먼저 위험을 느꼈다고 생각합니다. 그러한 위기감을 모든 사람들에게 전하는 것에 대하여는 약했을지도 모르겠습니다. 지금은 「게놈편집」이라고 불리는 기술로 발전해서 많은 중요한 유전자가 분석되고 있습니다. 그 결과, 차츰차츰 인간사회의 의료와 복지에 공헌하고 있다고 생각합니다. 그러나 유전자변형식품에 대하여는 먹거리로서의 안전성과 생태계에 대한 영향을 신중하게 확인하여 그 이용을 고려해야 합니다.

— **가나야** 그러나 유전자변형식품에 대하여는 안전하다는 것이 확인되어도 세간에서는 싫어하겠지요.

— **오오히라** 안전을 확인할 수 있는 것과 제2세대를 만들기 어렵다고 하는 것이 아무리해도 우리들의 머릿속에서 서로 조화를 이루지 못합니다.

— **가나야** 확산되면 위험이 증대되기 때문에 제2세대를 만들기 어렵게 하고 있는 것이라고 생각합니다.

— **오오히라** 안전을 100% 보증할 수 있는 것은 아니라고 할 수밖에 없겠지요. 위험이 조금이라도 있는 이상, 위험이 증대되지 않도록 어떤 조치를 해야 할까요? 일단 먹을 수 있을 정도의 안전성은 충분하겠지

7) 아실로마 회의는 미국 캘리포니아에 있는 아실로마 센터에서 1975년 개최되어 유전자변형규제에 관한 기본지침을 결정하였다.

만, 제2세대 이후의 것까지 생각하면 위험을 과소평가해서는 안 되겠지요.

— **스기모토** 다음 세대만이 아니라 생산자의 손을 떠나 의도하지 않게 확산될 가능성이 있는 것이 문제입니다.

— **오오히라** 미칠 수 있는 범위에서만 사용하도록 제한하기 위해서 제2세대 이후에서는 가능하지 않도록 하는 기술을 반드시 만들어야 할 것입니다.

▷ 생산자한테 변형생물이란?

— **스기모토** 또 다른 입장에서 생각해 보면, 팔기 위해서 한다는 생각을 해 볼 수는 없을까요? 만약 종이 사라져버린다고 해도 생산자도 종을 만들 수 있으므로 종을 개발한 기업이 돈을 벌 수 없겠네요.

— **로쿠샤** 설령 규제가 없다고 해도 기업은 제2세대가 만들어지지 않도록 하는 기술을 만들 수 있는 것은 아닐까요?

— **오오히라** 그래도 규제가 있는 것은 기업의 돈벌이를 위한 것이 아니라 위험이 확산되지 않도록 하기 위한 것이겠지요. 생물이 다양하면 다양할수록 좋겠지만, 인공적으로 무언가를 함으로써 다른 것이 없어져 버려 결과적으로 다양성이 상실될 수 있다는 애기겠지요?

— **가나야** 시간의 문제가 있다고 생각합니다. 자연에서도 오랜 시간에 걸쳐 변화가 생기는데, 유전자변환은 상당히 빠르기 때문입니다. 너무 빨리 변하기 때문에 주변 생물이 쫒아올 수 없게 되어 버립니다. 오랜 시간에 걸쳐 변한다면 자연스럽게 공존할 수 있습니다.

— **오오히라** 환경 쪽도 변하는 것이겠지요.

— **가나야** 지금까지와는 다른 유전자가 들어올 수 있기 때문에 그것이

특별한 영향을 미칠 가능성이 있을까요? 오랜 시간에 걸쳐 천천히 변해온 것은 각각이 적응해온 것이므로 아직은 좋다고 할 수 있겠으나, 별종의 유전자가 도입된 새로운 생물이 주변에 증가해오면 영향이 커지겠지요.

— **오오히라** 예를 들자면, 옛날 사람에게는 독이었던 것도 현대인이 먹으면 독이 되지 않는 것이 있을 수 있지 않을까요? 살고 있는 생태계가 변하고 예전에는 없었던 다른 먹거리를 현대인들은 먹기 때문에 예전에는 독이었던 것이 이제는 더 이상 독이 되지 않게 되는 것이지요. 일종의 항체와 같은 것을 가지게 된다는 느낌일까요. 오랜 시간에 걸쳐 익숙하게 되어 온 것이겠지요. 유전자변형의 경우는 급속하게 새로운 것이 등장하는 것이므로 그것과 균형을 맞추는 다른 생물이 생겨나지 않게 됩니다.

— **가나야** 그런 느낌이라고 생각합니다. 비슷한 문제로서 지구온난화가 진행되는 속도에 식물이 쫓아가지 못하게 된 것도 있습니다. 식물은 종자를 퍼뜨려 천천히 생육장소를 넓혀 가는데, 온난화에 의해 기온이 상승하면 그 온도에서는 종자가 발아할 수 없게 됩니다. 그 결과, 그 식물은 멸종해 버리고 맙니다. 식물은 이동할 수 없으므로 급격한 환경의 변화에는 대응할 수 없습니다.

— **아키야마** 지구생태계가 약 36억 년에 걸쳐 조정해온 것이 전혀 새로운 생물이 갑자기 생겨나서 정말 여기에서 괜찮을까, 주변환경과 잘 어울릴 수 있을까 하는 생각이 들지요.

— **스기모토** 교배에 의한 품종개량 쪽이 아직 시간이 걸리겠지요.

— **아키야마** 아니요. 본래 존재하는 유전자들끼리 변하는 것이므로 그나지 크게 무리가 되는 것은 아닙니다. 과일 같은 것은 매년 교배에 의한 신품종이 생산되어 판매되고 있습니다.

— **오오히라** 품종개량에 수년 단위로 시간이 걸리는 것은 인간한테는 오

랜 시간일지 모릅니다만, 새로운 생물이 탄생한다는 의미에서는 매우 짧은 시간일 겁니다.

— **가나야** 진화라는 의미에서는 상당히 짧은 시간이지요. 하지만 유전자변형은 훨씬 더 빠릅니다.

— **오오히라** 자연계에도 돌연변이는 있습니다. 돌연변이의 확률을 높이는 것이 변형이라고 하면 이해가 갈까요?

— **가나야** 유전자조합이 갑자기 변한다고 하는 의미에서는 돌연변이와 같은 것입니다. 게다가 유전자 그 자체를 변형시키기 때문이지요. 돌연변이의 경우, 유전자의 일부만이 변하는 것입니다.

— **스기모토** 지금은 식용할 수 있는 유전자변형동물이 없다고 하지만 앞으로는 식물과 마찬가지로 안전성이 확인된다면 가축도 점차 유전자변형이 생겨나지 않을까요?

— **아키야마** 동물의 경우는 체세포 클론입니다. 유전자를 변형한다면, 어떤 형질을 가진 생물이 될지 모르겠지만 체세포 클론의 경우에는 예컨대, 부모와 같은 고품질의 육질을 가진 소를 다수 만들 수 있습니다. 동물의 경우에는 확실히 이익이 된다고 하는 경제의식으로 체세포 클론동물을 만드는 쪽이 선행하고 있다고 생각합니다.

— **스기모토** 그것도 윤리적으로 괜찮을까요?

— **아키야마** 체세포를 제공하는 부모와 똑같은 유전자를 가지고 있어 유전자변형과 같은 위험은 거의 없습니다. 윤리적으로는 그다지 문제가 되지 않고, 배아이식이나 인공수정은 가축을 취급하기 위한 지침에 따르고 있다고 생각합니다.

— **오오히라** 같은 질병에 대하여 전부 약할 수도 있겠네요.

— **아키야마** 물론입니다.

— **오오히라** 정말로 돈벌이가 될지 어떨지는 잘 모르겠습니다. 다양성이라는 것은 본래 충격에 견딜 수 있기 위한 것이지요.

— **아키야마** 그렇지요, 그렇습니다. 같은 종 가운데에서도 개체의 차이에 의한 다양성이 중요합니다. 다양성이라는 점에서는 잡목재를 지킨다고 하는 이야기도 마찬가지입니다. 같은 시기에, 같은 종류의 나무를 단일재배하는 것이 아니라 여러 가지 종류의 나무를 시기를 달리해서 심어 종래의 마을 뒷산에 가까운 상태로 하는 것이 가장 건강하다는 발상이지요. 개체의 유전자가 다양하면, 그 종의 유지도 결국에는 안정되게 된다고 생각합니다.

▷ 소비자가 야기하는 다양성의 위기

— **오오히라** 이런 식으로 생각해 보면 클론보다는 변형 쪽이 아직 나은 것이 되겠네요. 클론은 같은 개체를 복제하기 때문이지요. 진정한 다양성은 없다고 봐야겠지요.

— **가나야** 같은 유전자이기 때문입니다.

— **고바야시** 종자는 클론이 아니지요.

— **아키야마** 인간이라고 하는 동종의 생물 가운데에도 다양한 유전자를 가진 개성에 가득 찬 대다수의 개인들이 있습니다. 부모로부터 유전자를 받은 종자는 클론과 동의어가 아닙니다. 단순히 2분열한 세포와 꺾꽂이 한 왕벚꽃나무는 클론입니다. 클론으로 좋은 질의 고기를 대량으로 만든다는 것은 미식사회가 만들어낸 것입니다. 왜곡된 식품을 만들어냈다고 생각합니다.

— **로쿠사** 균질화된 상품을 요구하게 된 사회문제라고 할 수 있겠지요.

— **오오히라** 그러한 의미에서 클론은 현대사회의 소비자들에게 매우 익숙한 것입니다. 상자를 열면 같은 것이 나오는 균질화된 것을 요구하는 소비자이지요.

—가나야 제대로 갖추어지지 않은 것은 아닌가 합니다.

—오오히라 옛날에는 과일을 사면 상자 안에 제대로 되지 않은 것도 들어 있었습니다만 이제는 그런 것이 용납되지 않는 사회가 되어버렸지요.

—가나야 바로 그렇습니다.

—오오히라 그것이 다양성의 위기라고 하는 것입니다.

—고바야시 인간을 중심으로 생각하면 다양성이 없는 쪽으로 흘러간다는 것일까요?

—오오히라 현대의 소비자들이 그렇게 요구하고 있는 것이지요. 다만 환경에 대하여 높은 문제의식을 가진 소비자는 다양성을 바라고 있을지도 모르겠습니다.

—아키야마 세계적으로 보아도 같은 경향입니다. 예를 들자면, 커피농장에서는 커피만을 생산해 왔습니다. 커피는 자신의 수술과 암술로 자가수분을 할 수 있는 식물입니다. 그런데 다른 나무로부터 곤충에 의해 수분하면 유전자다양성이 생겨 상당히 그 수량이 늘어납니다. 최근에는 재래의 다양한 작물과 함께 재배되고 있으므로 곤충들이 수분하는 경우가 많습니다. 그쪽이 키우기 쉽기 때문이지요. 자신들의 먹거리가 되어 굶주림에서 벗어날 수 있게 된 것이지요.

—오오히라 키우기 쉽다는 것은 잘 알겠습니다. 그런데 그 얘기는 소비자가 원한다고 하는 얘기와는 다른 것이겠지요. 소비자들이 커피밖에 사주지 않는다면 커피만 만들 수밖에 없겠지요. 만들기 쉽다고 하는 생산자의 사정만으로는 얘기가 되지 않습니다. 경제를 움직이고 있는 것은 소비자라고 하는 것을 말하고 싶습니다.

—아키야마 자신들의 먹거리에 대하여는 생산자 사정이 아닐까요? 소비자에게 판매하는 작물도 생산자와 함께 안전성과 다양성도 문제 되어 왔습니다. 단일재배에서 오는 생태계의 불안정성이라고도 말할

수 있기 때문입니다.

—**오오히라** 자가소비분은 옛날부터 자신의 신체 안정을 생각하여 만들기 쉬운 것을 길러 왔습니다. 지금 얘기하고 있는 것은 농산물을 팔 때 소비자의 의향에 좌우되는 문제를 말하는 것입니다.

—**아오키** 최근에는 그 토지에서 채취한 채소 등을 보내주는 서비스가 있는데 어떤 채소가 들어오는지는 잘 모르겠지만 그 계절에 채취한 것이 들어있도록 되어 있습니다. 이러한 서비스가 진행되면 소비자의 의식도 바뀌겠지요. 아직 일부만의 움직임이라고 생각합니다만...

—**고바야시** 소비자는 균질하고 안심할 수 있고, 언제 먹어도 같은 맛이 나는 것을 바란다고 하는 의식이 있지만 그것만으로는 질려버립니다. 다양한 토지에서 난 명품이든지, 다양성을 요구하게 된 것이겠지요. 파는 쪽에서는 스탠다드 한 것과는 조금 다른 것도 「팔게」 됩니다. 옛날에는 그러한 의미에서의 다양성을 요구할 수는 없었겠지만 풍족해져 가능하게 되어 그러한 기호가 생겨났습니다.

—**아키야마** 보내준 생산자를 알면 안심할 수 있고, 유기농법이라거나 저농약을 쓴 것이라면 「팔 수」 있는 경우가 많겠지요. 환경에 대한 의식도 높아졌습니다.

—**가나야** 일본의 경우에는 여유가 있기 때문에 가능합니다. 먹을 것이 없는 곳이라면 그런 여유는 없겠지요.

—**오오히라** 그 토지 고유의 것을 원하는 소비자가 늘어나고 있으므로 어떤 의미에서의 다양성이 유지될 수 있겠지요.

—**로쿠샤** 그 토지 고유의 다양한 생태계를 지킬 수 있다는 의미가 있습니다.

—**아키야마** 시모다(下田)[8]의 신선초, 교토의 채소, 사쿠라지마(櫻島)[9]의

8) 시즈오카(靜岡)현 이즈(伊豆)반도 동남단에 있는 항구.
9) 가고시마(鹿島兒)현에 있는 화산섬.

무처럼 그 토지에 본래 적합한 식물과 채소를 보전할 수 있는 것이지요.

▷ 생태계와 인간과의 관계

—**오오히라** 「인간이 없는 자연」과 「인간이 포함된 자연」이라는 두 개의 견해가 늘 문제가 되고 있습니다. 생물학을 전공하는 사람들은 인간이 없는 자연을 상정하고 있는 것 같습니다. 인간이 들어 있는 생태계라고 하는 견해는 별도로 있습니다. 앞서 얘기한 잡목림의 이야기도 (인간이 없는) 자연계에서는 지속가능성이 없겠지요.

—**가나야** 자연은 늘 변하기 때문이지요. 거기에 인간이 지키는 것입니다.

—**오오히라** 그 얘기를 할 때는 인간이 포함된 자연 생태계라는 얘기가 됩니다. 인간이 자연의 순환과 조화를 이루는 형태로 자신들의 생활을 만든다면 그것은 순환이라고 파악해야 하지 않을까요? 변형식품이라고 해도 변형된 것으로 새롭게 순환할 수 있다고 한다면 아무런 문제도 없다고 생각합니다. 다만 어떻게 될지 모르기 때문에 지금으로서는 규제하고 있으므로, 변형식품이 절대악이라는 발상은 아닙니다.

—**가나야** 먹을 정도라면 안전하기 때문이지요.

—**오오히라** 한번 먹을 정도라면요.

—**아키야마** 본래는 식량위기에 대한 대처가 중요한 목적의 하나였기 때문에 그 목적에 대하여는 충분히 평가하고 있습니다.

—**오오히라** 하지만 녹색혁명과 같은 자연교배의 기술도 식량위기에 대한 것이었는데 많은 사람들이 이를 싫어했습니다. 유전자가 변형된다면 일반인들은 더 싫어하지 않을까요?

—**가나야** 이미지가 나빠서지요.

—**아오키** 일반인들의 평가라고 한다면 안전성에 대한 생각이 여러 가지 경우에 다르다고 생각합니다. 후쿠시마 제1원전 사고 후에 원전의 안전성에 대하여는 법조계에서도 논의되고 있습니다. 예를 들면, 자동차는 고장이 난다고 하는 것을 전제로 망가지거나 상태가 좋지 않으면 리콜하면 되고, 개량을 거듭하여 안전하게 한다는 발상이겠지요. 자동차 딜러는 「안전합니다」라고 말하면서 판매하는데, 그 안전에는 한도가 없다고 소비자도 이해하고 있을 것입니다. 그런데 원전이나 유전자변형의 경우에는 아무리 과학자가 전문적으로 안전성을 평가하더라도 사회 전체가 그러한 인식을 공유할 수 없다는 인상입니다. 유전자변형으로 생물학적으로 여기까지 왔다고 할 수 있기 때문에 전혀 문제가 없다고 하여도 과연 그럴까라고 생각하는 사람들이 많습니다. 일반인들의 안정성이나 위험에 대한 이미지가 다르다는 느낌입니다.

—**아키야마** 그런 인식이 있음에도 불구하고 미국과 브라질에서는 대규모농업으로 변형식품이 대량으로 만들어지고 있어 그 지역에서는 그다지 위화감이 들지 않아 수출에도 사용되고 있습니다. 일본은 식량자급률이 낮아서 상당한 양의 식량을 수입하고 있는데, 대두콩이나 옥수수가 그 주요품목입니다. 일본에서는 유전자변형식품에 대하여 표시의무가 있지만 일정 정도 이하의 비율과 가공품은 필요하지 않든가, 누락되는 사례도 많습니다. 학생들과 얘기하면, 싫은지 좋은지도 모르는 사이에 먹어버린다고 하는 의식이지요. 이것을 확대하면, 점차 위화감이 사라져 가는 것이 아닌가 생각합니다.

—**스기모토** 유전자변형으로 만든 생물에 대하여도 생물다양성이 늘어났다고 생각해도 좋을까요?

—**아키야마** 생물로서 존재하고 있는 한 그렇습니다만 생물종으로 인식되는 데에는 후손을 생산하는 능력이 확인될 것이 필요합니다.

— **오오히라** 다양화되었다고 생각합니다만 그 결과로서 다른 생물이 사라졌을지도 모르기 때문에 전체적으로 다양성이 상실될 가능성이 있습니다. 그래서 우선 규제하고 있는 것이 아닐까요?

— **가나야** 다른 생물에 대한 영향이 크다고 생각할 수 있겠지요.

— **오오히라** 우리들은 생물이 다양하면 다양할수록 좋다고 하는 가치관으로 생각하고 있는가를 확인해보고 싶습니다. 지금까지의 논의에서 보전이라는 사고방식이 있었습니다. 다양화하고는 개념이 다르지요. 생태계를 보전할 수 없기 때문에 변형식품을 규제하는가, 결과적으로 다양성이 사라질 가능성이 있기 때문에 규제하는 것일까요?

— **가나야** 후자라고 생각합니다.

— **로쿠샤** 보전이라 함은 지금 있는 상태를 어찌 되었든 유지해 보자는 것이겠지요. 현재 다양한 생태계를 보전하여 장래의 세대까지 지속적으로 유지하려고 하는 것이 생물다양성의 기본이라고 생각합니다.

▷ 외래생물을 다양화라고 생각하는가

— **오오히라** 외래종이 들어와 새로운 생태계가 만들어져도 상관없다고 하는 생각도 있습니다. 새로운 생태계에서는 다양성이 늘어날지 줄어들지 잘 모르겠지만 보전과는 반대되는 것이겠지요.

— **아키야마** 강력한 외래종이 들어와서 확대되는 것이 문제이지요. 재래종에게 피해가 크다고 합니다. 북미가 원산지인 늑대거북이 그 경우겠지요. 재래종을 다 잡아먹어 버리니까요. 특정 외래종이든가, 특히 강력한 것은 침략적 외래종으로 지정되어, 강력한 것을 심거나 기르는 것만으로도 처벌되도록 하는 법률이 있습니다.

— **오오히라** 여러 가지 생물을 죽여 버리기 때문이지요. 죽이는 상대가

한 종이라면 플러스 마이너스 제로가 되어 다양성에는 문제가 없습니다.

—**아키야마** 낚시꾼들에게 인기가 있는 비와코 호수[10]의 블랙베스는 대부분의 고유종과 재래종을 없애버렸습니다. 그중에서 큰입베스는 침략적 외래종으로 지정되어 있어 방류가 금지되어 있으므로 「잡히면 드세요」라고 합니다. 외래종이라도 그 생물에게는 아무런 죄가 없는데도 말입니다.

—**아오키** 외래생물은 「강하기 때문에 해」가 되는 것일까요?

—**아키야마** 강한 것도 있고 약한 것도 있겠지만 약한 것들은 환경에 적응하지 못해서 죽어 버리겠지요. 강한 것만이 확산되기 때문에 그것이 재래종을 압박하는 것일 겁니다.

—**아오키** 일본의 고유종이 외국에 나가 그곳의 생물을 내쫓아 버리는 경우, 상대방 나라에서는 외래종이 되겠지요. 그렇다면 외래종에 관한 논의는 일본에 본래 있던 종, 재래종을 지키자고 하는 발상일까요?

—**아키야마** 그렇습니다. 외국에서도 외래종으로 문제가 되고 있는데 투구풍뎅이나 잉어, 농어, 칡 같은 것들이지요.

—**로쿠샤** 생물다양성기본법에서는 외래생물은 생태계에 피해를 줄 염려가 있다고 규정하고 있습니다.

—**오오히라** 기존의 생태계에 말이지요? 재래종이 없어지게 되면 어떤 문제가 생길까요?

—**가나야** 자연적으로 멸종되는 경우가 있습니다만, 그 속도가 빠르다는 것이 문제가 되겠지요.

—**오오히라** 이상기후로 어떤 동물이 갑자기 멸종되는 것은 자연에서도 있는 일이지요. 시간문제는 아닙니다.

—**스기모토** 인간이 개입하여 생물에게 변화가 생기는 것이 문제가 아닐

10) 일본 시가현에 있는 비와코(琵琶湖)라는 호수를 말한다.

까요? 인간이 개입된 생태계의 파괴를 가급적 하지 않는 것이 근저에 있다고 생각합니다.

— **오오히라** 역시 인간과 자연을 대립구조로 보는 것이네요. 인간이 순환 속에 들어가 있다고 하는 발상은 아니네요. 인간을 일부분으로 포함시키는 자연이라고 생각한다면, 그 속에 (인간의 영향으로) 어떤 종이 멸종한다는 것과 인간이 포함되지 않는 자연에서도 있을 수 있는 종의 멸종과는 큰 차이가 없다고 생각할 수 있겠지만요.

그런데 어떤 쪽이라고 해도 인간에게 상황이 좋도록 자연을 남겨둔다고 하는 발상입니다.

— **고바야시** 지금 있는 자연이 인간에게 가장 좋다고 하는 생각으로 보전해야 하는 것은 아닐까요? 인간이 손을 대어 좋은 방향으로 바뀌면 좋겠지만 좋지 않은 방향으로 바뀔지도 모릅니다.

— **오오히라** 오늘날의 인간들에게 도움이 되지 않는 것이라도 장래의 세대에게는 혹시나 도움이 될지도 모르기 때문에 우선은 보전해 두어야 하는 것이겠지요.

— **아키야마** 직접적인 것은 아니라고 할지라도 여러 생물을 경유하여 간접적일지도 모릅니다만 돌고 돌아 인간에게 도움이 되는 것도 있을지 모릅니다. 그것까지 포함시키면 아무런 연관이 없는 생물도 중요하지요.

— **스기모토** 극단적인 얘기지만 먹거리로서 클론 중에 맛있는 것이 있다면 그것만으로도 잘 된 것이겠지요. 농업, 임업, 축산업 등이 단일한 생물을 계속 생산하도록 인류의 환경은 생물다양성을 감소시키는 방향으로 나아가고 있습니다. 하지만 그 식량을 만들어내는 품종이 어떤 원인에서 갑자기 멸종해 버리면 곤란하겠지요. 다양성을 남겨두면 어떤 종이 멸종해도 또 다른 유전자로 그와 가까운 먹거리를 만들어낼 수 있겠지요. 이런 발상이겠지요?

— **아키야마** 지금 세계 규모로 원종·재래종의 유전자를 모아 보전하려고 하고 있습니다. 일본에는 나가노(長野)현에 원종센터가 있는데, 각지의 종묘센터에서도 마찬가지로 보전·제공하고 있습니다.

— **오오히라** 목적은요?

— **아키야마** 강력한 교배종과 유전자변형종 등에 의해 축출되지 않도록 언제라도 원종으로 부활시킬 수 있도록 하기 위한 것이지요.

— **스기모토** 반대도 말하자면, 그것이 가능하다면 멸종해도 괜찮겠지요?

— **가나야** 마치 백업 같은 것이겠네요.

종자와 유전자은행

2008년 스칸디나비아 반도의 스발바르(Svalbard) 제도에 있는 마을인 롱기이르뷔엔 영구동토층인 산속 내부에 유전자와 종자의 거대 저장시설인 「Global Seed Vault」가 설립되었습니다. 이 시설은 노르웨이 정부와 유엔 FAO(유엔식량농업기구), 국제기관인 「Global Crop Diversity Trust」가 국제연구소 및 각국의 유전자와 종자의 보전 · 연구기관과 협력하여 설립되었습니다. 인간에 의한 교배종과 유전자변형종만이 두루 사용하는 종이 되어버려 질병과 해충 등으로 한꺼번에 멸종해 버릴 가능성을 상정하여 원종(原種)을 언제라도 부활시킬 수 있도록 하는 것이 목적입니다. 「장래에도 인류의 생존을 지탱하기 위한, 세계에서 가장 강력한 국제적인 원종 및 유전자를 위한 은행」이라고 할 수 있습니다.

秋山豊子(아키야마 토요코)

—**아키야마** 외래종은 흔히 토끼풀이라고 불리는 '시로츠메쿠사'나 '서양 민들레'처럼 우리들 주변에 많이 있습니다. 살아남은 외래종은 강하다고 말할 수 있겠지만 최근에는 조금 다르게 생각하고 있습니다. 외래종인 민들레가 일본 고유의 재래종과 교배되어 확산되고 있는 것이 눈에 뜨입니다. 교배해서 살아남게 되면 양쪽 모두 잡종강세라고 할 수 있겠지요. 이런 잡종이 가장 강할지도 모릅니다. 그러한 예가 나타나고 있습니다. 동일본 대지진 때 강이 역류하여 큰가시고기와 일본가시고기가 섞여 교배되었습니다. 재래종은 약한 것은 아니라고 생각됩니다. 환경이 변했다고 하더라도, 그렇게 간단하게는 멸종되지 않고 어떻게든 살아남을 수 있는 길을 찾고 있을지도 모릅니다.

—**오오히라** 교배되었기 때문에 변화한 것이 아닐까요?

—**아키야마** 변화했다고는 하지만 하나의 또 다른 잡종이 생겨난 것은 아닐까요?

—**스기모토** 그렇다면 고유종이 없어진 것은 아니겠네요.

—**아키야마** 현재로서는 아직 그렇지 않습니다. 양쪽 모두 살아있는 것이지요.

—**오오히라** 변화는 자연계에서는 늘 있는 것이라고 생각하면 보전이라는 것은 조금 이상한 얘기겠지요. 오히려 인간이 손을 대지 않으면 보전할 수 없는 것은 아닐까요?

—**아키야마** 의식하지 않으면 그렇지요. 그 토지의 고유 생태계가 실제로 어떤 상태인가, 토지의 상황과 생물종 등을 잘 관찰하여 이해할 필요가 있습니다. 생물학의 각 학회에서는 중요 장소에 있는 생태계와 생물동태의 조사를 시행하고 있습니다. 그다음에 인간이 관여해야 하는 것을 생각해야 하는데, 보전이라고 해도 어떻게 인간이 관여해야 하는가는 시행착오를 겪어야 하겠지요.

—**스기모토** 좀 다른 얘기입니다만 전통문화나 사라져가는 민족언어를

살릴 때의 대의명분이 무엇이겠습니까? 문화의 다양성을 남기는 장점을 어떻게 설명할까요?

— **오오히라** 소수민족의 보호라고 한다면 아마도 권리론과 같은 법률의 논의를 하는 것이라고 생각합니다.

— **가나야** 문화적인 것은 정신적인 기반이라는 점에서 다를지도 모릅니다.

— **아오키** 전통문화가 지금 당장의 생활에 필요할까라고 한다면, 꼭 그렇다고 말하기는 어려울 것입니다. 하지만 다양성 있는 사회는 개인의 행복추구에 공헌한다고 하는 취지의 판결이 나온 적이 있습니다. 개인은 다양하고 차이가 있어서, 그러한 차이가 있는 개인을 존중하는 것이 헌법의 요구라는 생각에서이지요.

— **스기모토** 모든 생물을 살아남아야 한다는 권리가 있을까요?

— **아오키** 동물을 죽이더라도 고통을 주지 않는 방법으로 죽여야 한다는 것이 동물복지의 관점에서겠지요. 미국과 유럽에서는 활발하게 논의가 진행되고 있는데, 일본에서는 동물애호관리법이 있는 정도로 관심이 저조한 것 같습니다.

— **로쿠샤** 자연환경의 평가 얘기입니다만 잔존하는 것에 가치가 있다고 생각합니다.

— **오오히라** 제사 같은 것은 잔존시키는 것이 가치가 있다고 할 수 있겠지요. 이것이 유증가치(遺贈價値)라고 하는 것인데, 장래의 세대에 넘기는 데에 가치가 있다고 생각하는 것입니다. 이에 동의할 수 없는 사람도 아마 많이 있겠지만 국민적인 합의로서 농촌문화를 지키는 것은 가치가 있는 것이라고 생각해서 세금을 투입해서라도 이를 보호하는 것이 정당하다고 하는 논의입니다. 고유종에 대하여도 같은 발상을 적용해도 좋지 않을까 생각합니다.

멸종에 직면한 생물들

상거래 등에서 보전해야 하는 생물에 대하여 워싱턴협약의 대상동물은 5,522종, 종보전법(種保存法) 대상동물은 777종입니다. 일본에서 국내 희소 야생동식물종의 서식지는 보호지역으로 되어 있어 관리지구, 출입제한지구 등이 지정되어 있는 외에 감시지구로도 되어 있습니다. 또 순차적으로 지정종의 인공증식계획도 이루어지고 있습니다. 신천옹, 쓰시마 살쾡이, 검둥수리, 북해도 야생란 등이 이에 해당합니다. 멸종에 직면하고 있는 이리오모테 살쾡이는 최근 로드킬을 당해 죽는 경우가 많습니다. 사도(佐渡)섬에서 날려보낸 따오기는 같은 희귀종인 개구리를 쪼아먹고 있습니다. 특별천연기념물로 희귀야생동식물인 아마미검은멧토끼는 인간이 데려온 몽구스와 야생고양이의 먹이가 되고 있습니다. 다양한 생태계의 보전은 쉽지만은 않으므로 그 장소마다 생물 전체에서 생각할 필요가 있습니다.

秋山豊子(아키야마 토요코)

▷ 야생생물이 초래하는 피해

— **오오히라** 야생생물도 마찬가지일까요? 인간과는 동떨어진 야생생물을 지키는 일에 가치가 있다고 생각할까요?

— **가나야** 그래도 해를 주는 야생생물도 있지요. 지금은 사슴의 피해가 문제가 되고 있습니다. 예전에는 이리가 있어서 사슴이 늘어나지 않았습니다만 이리가 멸종됨으로써 사슴이 늘어나고 있습니다. 사슴이 늘어나면 나무껍질 같은 것들을 먹어치우기 때문에 생태계가 변해버리지요. 농작물도 마찬가지로 먹어치우지요.

— **고바야시** 야생동물은 없는 편이 좋다고 하는 논의도 있습니까?

— **스기모토** 적당히 있는 것이 중요하겠지요.

— **아키야마** 사슴은 사람들이 천연기념물로서 너무 보호하여 과잉증가해서 생태계를 위협하고 있습니다. 사람이 관여해서 늘어났음에도 불구하고 개체수의 관리에 유효한 대책을 세우지 않았던 것이 문제입니다.

— **오오히라** 지금 말하고 있는 다양성의 논의에서는 모든 생물이 존재해야 한다는 것을 기준으로 해서 얘기하고 있습니다. 야생동물도 마찬가지로 논의해야 하는가라고 생각한다면 오히려 너무 늘어났다는 것을 문제로 삼고 있는 것이 우스워집니다. 여러분들께서는 야생동물이라는 말에서 해를 끼치는 동물이라는 것을 연상하십니까?

— **가나야** 처음에는 해를 주는 동물을 생각했습니다. 개인적으로는 특히 곰이 무섭습니다.

— **오오히라** 저는 야생동물이라는 말을 들으면 처음 연상되는 것이 아프리카 사바나에 있는 코끼리의 모습입니다. 해를 끼치는 동물을 연상한다는 발상이 굉장히 신선했습니다.

— **로쿠샤** 생물다양성기본법은 「야생동물의 종 다양성의 보전」을 규정하고 있습니다.

— **아오키** 그렇긴 하지만 생태계와 생활환경, 농림수산업에 피해를 미치는 경우에는 방제하거나 개체수를 관리한다든가 하면 되겠지요.

— **로쿠샤** 인간과 자연을 대립시키는 틀에서는 사라지고 있습니다. 어찌되었든 지금까지의 이야기와 세계관이 변한 것 같은 기분이 듭니다.

— **아키야마** 인간과 야생생물 사이의 거리감이 가까워지고 있다는 느낌이 듭니다. 아프리카도 오지까지 개발이 진행되어 코끼리가 사는 수풀이 감소되어 그 사이가 멀어져 어린 새끼 코끼리가 미아가 되곤 합니다. 곰도 마찬가지입니다. 인간과의 거리가 가까워져 있습니다. 각각의 영역이 확보되어 거리가 떨어져 있으면 사람이 손을 대는 일도 없고, 보호할 것도 없습니다. 그러나 사람이 관여해서 생태계를 어지럽게 하면, 조금 관리를 하는 것이 생태계를 보호하고 지키게 된다고 생각합니다.

— **오오히라** 자연과 인간과의 대립구조를 유지하기 위하여 야생동물의 세계를 인간의 세계로부터 격리하려고 하는 발상일까요? 야생동물이 인간이 사는 마을에 나타나는 것은 인간한테는 좋지 않은 일이겠지만 그것만을 논의하고 있는 것은 아니고 인간과 떨어진 곳에 있는 자연순환 속에서 사슴이 너무 많아진다는 것을 문제 삼고, 자연순환을 유지하기 위하여 없애야 한다는 발상일까요? 지금은 순환이 아니라 다양성을 이야기하고 있었습니다. 개체수가 많으면 좋다고 하는 논의가 아니라 종의 다양성을 중요시하는 이야기가 아닐까요?

— **아키야마** 그렇습니다. 다양한 생태계의 유지를 목적으로 하고 있으므로 생태계의 균형유지에 위기를 초래하는 경우에는 어쩔 수 없이 개체수를 관리해야 하겠지요.

— **가나야** 생태계를 지키자고 해서 인간의 경제활동이 비정상적으로 되

는 것도 문제이지요.

▷ 마무리

— **스기모토** 우선 유전자변형식품의 개발이 지구의 인구증가와 식량위기에 관련되어 있다는 관점은 없었습니다. 저 자신은 인간이 생물을 만들어낸다는 것에 상당히 위화감이 있어서 클론 같은 것도 윤리적으로 받아들이기 어렵습니다. 하지만 이제부터의 지구라는 것을 생각한다면 필요할지도 모를 기술이라고 생각할 수 있겠지요. 생물다양성에 관하여는 여러 분야에서부터 잔존하는 것의 가치를 두고 있으므로 문화의 다양성과 마찬가지로 (다음 세대에) 남기는 것이 가치가 있다고 생각하면 충분하지 않을까 생각합니다. 우리들은 기후변화, 환경파괴, 남획, 외래종 등 모든 방법으로 지구의 생물을 멸종에 이르게 하는 장본입니다. 다양성을 지키는 것은 지구에 살아 있는 가장 강한 생물로서 당연한 책무(정의)가 아닐까요?

— **고바야시** 유전자변형에 의해 지금까지의 자연계의 규칙과는 다른 개체가 생겨나 조금은 다양성이 늘어난 것처럼 보여도 결국은 종내(種內)의 다양성, 나아가서는 생태계 내의 다양성을 감소시키는 결과를 초래한다고 하는 얘기가 인상적입니다. 과학의 진보는 사람들의 생활을 편리하게 하는 한편, 결과적으로는 환경에 부담을 주는 것도 인식할 필요가 있습니다. 하나의 종만의 사정을 우선하는 것은 생태계, 나아가서는 생물다양성도 보전할 수 없다고 하는 것도 알았습니다. 우리들이 생활하고 있는 다양한 장면에서 생물다양성이 영향을 주지는 않는가라고 의식해 보면 행동이 바뀔지도 모릅니다.

— **아키야마** 36억 년 생물의 역사를 보면, 지금까지 5번 정도 생물의 대

멸종기가 있었습니다. 현재를 보면, 회복 곤란한 생태계가 있고, 멸종에 직면에 생물도 많이 있으며, 6번째 멸종이 온 것은 아닌가라고 말합니다. 저는 시골에서 자라 개천에서 송사리를 잡거나 바다에서 조개를 잡거나 여름에는 곤충채집과 반딧불이잡이를 하고 지냈습니다. 도시에서는 야생생물을 만날 일이 없을 것이라고 생각되지만 관심을 기울여보면 의외로 여러 가지 야생생물과 만날 수 있습니다. 일본은 아직까지 녹음으로 뒤덮인 환경이 잘 지켜지고 있습니다. 생물다양성을 생각하는 계기는 자연을 잘 관찰하는 것입니다. 본래의 생태계와 거기에 사는 생물들의 실태를 모르면 변화도 알아차릴 수 없습니다. 당연히 변화에 대한 대책도 세울 수 없겠지요. 자연 속에서 나무들과 새들을 바라보고 땅 위에 있는 생물에 눈을 돌려 그 가치를 생각해 봅시다.

— **가나야** 여기에서는 생물의 다양성이 중요하다는 것을 서로 이야기했는데, 문화의 다양성에도 얘기가 미친 것이 재미있었습니다. 인간에게 도움이 되지 않는다고 생각되는 생물이 실은 그렇지만은 않은 것처럼, 문화와 예술이 정신적으로 인간을 온화하게 하는 데 도움이 되고 있지요. 다양성이 중요하다는 것은 사회의 여러 장면에서 볼 수 있습니다. 세상사에 관한 생각에는 사람들마다 제각각이므로 「다양한 의견」에 따라 문제를 해결할 수 있겠지요. 그러한 다양성이 있다는 것을 인정하고, 그 다름을 받아들인다는 것이 중요하다고 생각합니다.

— **오오히라** 본문에서도 소개한 『「다양한 의견」은 왜 올바른가』에서는 다양한 인재가 모인 조직이 변화에 강하다는 것을 설명하고 있습니다. 투자를 할 때 다양한 투자처를 섞는 것도 전체로서의 퍼포먼스를 잘하기 위한 것입니다. 다양성은 전체를 강하게 한다고 정리할 수 있겠네요. 그에 반해 생물다양성의 논의에서는 전체의 강함이라는 관

점보다도 그 일부에 지나지 않는 인간에게 가장 형편이 좋게 되는 상태의 논의라든가, 인간만을 빼내어 다른 생물의 관점과 같은 것이 많다고 하는 것도 느꼈습니다. 인간을 제외한 것이 아니라, 지구 생태계 전체의 관점을 생각하는 발상도 당연히 있겠지요. 구체적으로 어떻게 논의하면 많은 사람들이 이에 찬동할지는 잘 모르겠지만 말입니다.

— **아오키** 원래 생물다양성기본법과 그 기반이 되는 생물다양성협약에서는 「지속가능한 이용」이라는 용어를 사용하고 있기 때문에 인간의 생존을 전제로 하고 있습니다. 인간과 환경의 관계는 인간중심적이라고 말할 수 있습니다. 물론 인간의 에고(ego)처럼 들리겠지요. 하지만 적어도 법적인 논의를 하는 이상, 인간중심주의가 되어야 한다고 생각합니다. 법률은 인간사회를 규율하는 규칙입니다. 인간의 생존을 전제로 하지 않는, 극단적으로 말해 인간을 배제한 것도 포함하는 규칙을 인간이 만들 수는 없겠지요. 다만 중요한 것은 환경이 있어야만 존재할 수 있는 인간이라는 인식을 잊어서는 안 됩니다.

— **로쿠샤** 「생물다양성」이라는 말을 들으면, 「어찌 되었든 다양하면 좋다」라고 생각하는 경향이 있습니다. 그렇지만 생물다양성기본법은 지역 고유의 생물다양성을 보전하고, 야생생물의 종 다양성을 보전하는 한편, 외래생물과 유전자변형생물에 대하여는 생태계에 대한 피해방지를 위해 규제하자고 하고 있습니다. 이처럼 전체를 파악해 보면, 생물다양성기본법이 추구하고 있는 「생물다양성」이 보일 것입니다. 게다가 「생물다양성」을 보전하는 것이 왜 필요한가? 이를 위해서는 우선 「생물다양성」을 둘러싼 현상을 좀 더 알아야 할 것입니다. 지식과 경험이 누적되면 우리들 인류가 살기 위하여 「생물의 다양성」을 보전한다고 하는 생물다양성기본법의 존재이유를 생각하는 계기가 되겠지요.

야생생물의 개체수 조절

인간은 옛날부터 수렵을 통해 먹을 것을 얻어 왔습니다. 세계 곳곳에서 수렵 장면이 오래된 벽화에 그려져 있지요. 새나 토끼 등 작은 생물에서부터 야생 염소, 사슴, 말, 멧돼지, 곰에 이르기까지 표적이 되어 왔습니다. 그러나 현재 일본에서는 야생동물은 먹거리라기보다 반대로 보호의 대상이 되고 있습니다. 생물다양성이라는 의식이 넓혀진 결과라고 할 수 있습니다. 그러나 사슴처럼 천연기념물로 보호된 결과 개체수가 많이 늘어나게 되어 이제는 나무나 들꽃에 피해를 미치는 것이 문제가 되고 있습니다. 먹이사슬의 정점에 있던 이리가 멸종하게 되어 야생동물의 개체수가 최종적인 조절역할을 하지 못하게 된 결과 그 역할은 인간이 부담하지 않으면 안 되게 되었습니다. 생태계를 잘 조사하고, 보전을 위하여 그 영역에서 특정한 종이 너무 늘어나지 않도록 관리하고 대책을 세워야 할 것입니다. 그때에는 일정수를 포획하여 사냥감의 식자재로 이용하는 것도 생태계보전대책의 하나일지도 모릅니다.

秋山豊子(아키야마 토요코)

프랑스와 일본의 차이

「편차값」이라는 말을 싫어하는 분이 많을지도 모르겠습니다. 편차값이라고 하는 것은 평균에서 얼마만큼 떨어져 있는가에 관한 지표입니다. 시험점수가 아니라면, 50(중심)에서 크건 작건, 좋고 나쁜 것은 아닙니다. 세상에는 모든 사람들과 같은 것을 협조적으로 하는 많은 사람들(정가운데)이 있는 반면, 모든 사람과 같은 것을 하고 있지 않은 사람들(극단)도 있습니다. 많은 사람들이 안정된 사회를 유지하고 있는 반면, 예상 밖의 사태가 발생했을 때 힘을 발휘하는 것이 그러한 사람들입니다. 어느 쪽의 사람이라도 있는 것이 중요하므로 생물다양성이란 바로 이것을 인정하는 것입니다.

그럼 일본의 경우는 어떨까요? 모든 사람들이 평균적인 방향으로 흘러가 버려 극단에 있는 사람의 평가가 너무 낮은 것은 아닐까요? 프랑스에 2년간 유학하여 느낀 것은 다른 사람과 차이가 있다는 것을 목표로 삼는 프랑스인들이 많다는 것? 바로 다양성의 도가니라고나 할까요? 모든 사람이 프랑스인 것처럼 된다면 곤란해질지도 모르지만 세상의 정체감(停滯感)을 날려버리는 데에는 프랑스인들과 같은 생각도 필요할 것입니다.

杉本憲彦(스기모토 노리히코)

조사해 보고, 생각해 봅시다

- 주변에 생물다양성에 영향을 미치고 있다고 생각되는 것을 찾아봅시다. 또 그것은 생물다양성에 어떤 영향을 미치는가를 생각해 봅시다.
- 생물다양성과 다양한 생태계의 보전이라고 하는 문제와 관련하여 연어의 치어를 방류하는 것에 대하여 생각해 봅시다.
- 당신에게 생물다양성, 그 토지 본래의 생태계를 남기는 것에 의미가 있습니까? 예컨대, 해충이나 해로운 동물을 포함하여 생물다양성의 의미를 생각해 봅시다. 이러한 생물은 멸종되어야 할까요?
- 유전자변형식물의 좋은 점과 나쁜 점을 생각해 보고, 앞으로 어떻게 해야 할 것인지에 대하여 생각해 봅시다.
- 여름축제의 가판대에서 팔고 있는 푸른 거북, 정식명칭은 붉은귀 거북은 원산지가 미국 남서부입니다. 일반가정에서 기르고 있는 개체가 야외로 방류되어 일본 전역으로 확대되었는데, 생태계를 심각하게 파괴하고 있어 문제가 되고 있어 국가가 그에 대한 대책을 내놓아야 합니다. 어떤 대책을 취할 수 있을까요? 또 그러한 대책은 성과를 올릴 수 있을까요? 여러분들은 어떤 대책을 생각하고 있습니까?
- 보다 폭넓은 관점에서 생물다양성을 생각해 봅시다.
  ① 인간을 분류한다면, 외래생물일까 유해한 야생생물일까, 아니면 어느 쪽으로도 분류할 수 없을까?
  ② 인간사회에서만 한정해도 다양한 사람들이 있다는 것이 왜 좋을까? 어떤 경우에 좋지 않게 될까?
  ③ 일본 독자의 규격제품이 없어지는 것은 어떤 종의 생태계가 없어지는 것이라고 생각할 수 있습니다. 이는 다양성의 관점에서 어떻게 대응할 수 있을까?

3

기후변화와 온난화대책

이 장에서는 기후변화를 공통 주제로 하여 3.1절에서는 국제적인 시점에서 파악해야 할 필요성을 법학의 관점에서, 3.2절에서는 인류가 초래한 온난화를 물리학의 관점에서, 3.3절에서는 경제적인 구조에 의한 해결을 경제학의 관점에서, 3.4절에서는 에너지와의 관련성을 물리학의 관점에서 생각해 봅니다. 후반 부분인 3.5절에는 전원이 참가한 좌담회의 기록이 수록되어 있습니다.

3.1 국제적인 관점의 필요성

▶ 기후변화라고 하는 지구규모의 문제

요즈음에는 「이상기상」이라는 말을 자주 듣고 있습니다. 지구상에서는 태양의 움직임에 따라 덥기도 하고 춥기도 하지요. 태풍이나 허리케인이 발생하기도 합니다. 계절에 변화가 있고, 같은 계절이라도 해마다 기상상태가 다른 것은 예전부터 있던 일입니다. 기상은 늘 변화하고 있습니다. 그러나 최근의 이상기상은 예전부터 있어 왔던 기상변화만으로는 이해하기가 어렵습니다. 더운 계절은 훨씬 더 덥거나, 추운 계절이 되어도 그다지 춥지 않게 되었습니다. 태풍이나 허리케인이 지금까지 없었던 규모로 발생하는 일도 자주 있습니다. 전 세계적으로 홍수가 발생하여 심각한 피해가 속출하고 있습니다. 변화가 반복되는 대기의 현상을 장기간에 걸쳐 평균적으로 본 것을 「기후」라고 하는데, 지금 지구의 역사가 시작된 이래 커다란 기후변화가 일어나고 있습니다.

본래 지구는 기온이 너무 낮아 사람이 살 수 없었다고 합니다. 점차 기후가 따뜻하게 되자 인간이 살 수 있는 환경이 되었습니다. 따뜻하게 된 것이 인간이 생존하는 데 좋은 환경을 만들어준 것입니다. 설사 인간이 지구상에 없었다고 해도 이러한 변화가 있었을지 모릅니다.

그런데 최근 인간의 활동이 대규모로 광범위하게 미친 결과, 지구가 너무 더워져 기후변화가 매우 크게 나타나고 있습니다. 지구의 오랜 역사 속에서 한랭기와 온난기가 정기적으로 반복되어 왔는데, 인간의 활동과는 무관하게 생기는 지구 전체의 변화에 더하여 인간이 활동하기 때문에 생기는 변화가 무시할 수 없게 되었습니다.

대기 중의 이산화탄소와 메탄가스 등의 물질이 인간의 활동이 원인이 되어 증가하고 있기 때문입니다. 이러한 물질을 「온실효과가스」라고 합니다. 「기후변화기본협약」(1992년)은 「인간활동이 대기중의 온실효과가스의 농도를 현저하게 증가시키고 있으며, 그 증가가 자연의 온실효과를 증대시키고, 지표 및 지구의 대기를 전체로서 추가적으로 온난화하여 자연의 생태계 및 인류에게 악영향을 미칠 염려가 있다는 것을 우려」하고 있습니다.

▶ 산업혁명에 의한 온실효과가스의 급격한 증가

온실효과가스에는 이산화탄소, 메탄가스, 프레온가스 등이 있습니다. 온난화에 미치는 효과(온난화계수)는 이산화탄소를 기준으로 하면, 메탄가스는 약 25배, 프레온가스는 수천 배에서 만 배나 됩니다. 이산화탄소 그 자체는 온난화에 대하여 그다지 영향을 미치지 않지만, 존재량이 압도적으로 많기 때문에 온난화와 기후변화를 논의할 때 가장 중요합니다. 메탄가스나 프레온가스는 온난화에 대한 영향이 매우 크기 때문에 역시 논의가 되고 있습니다.

온실효과가스가 증가하기 시작한 시기는 이른바 산업혁명 즈음입니다. 18세기 후반 서유럽, 특히 영국에서 이산화탄소의 배출량이 급격하게 증가했습니다. 그 후 각국에서 중공업화가 진행되어 석탄과 석유 등

천연자원을 태워 에너지를 생산하고 기계를 가동시켜 효율적인 생산활동을 하게 되어 온실효과가스도 계속 증가하게 되었습니다. 이제는 이대로는 인류가 지구에서 살 수 없을지도 모른다고 할 지경이 되었습니다. 온실효과가스에 관한 논의는 기본적으로 18세기 후반 상태로 되돌리자는 것입니다.

▶ 사람들의 생활에서 배출되는 온실효과가스

아시아나 아프리카의 여러 나라에서 행해지는 화전(火田)을 생각해 봅시다. 삼림은 특히 풍성할 때 이산화탄소를 흡수합니다. 화전은 삼림을 태워서 이산화탄소를 증가시킬 뿐만 아니라, 이산화탄소의 흡수원을 감소시키기도 합니다. 이중의 의미에서 온실효과가스가 증가하게 됩니다.

삼림이 사라지는 것이 문제가 될 뿐만 아니라 삼림을 벌채한 곳에 가축을 키우는 것이 온난화를 더욱 가속시키게 되는 것이 문제가 됩니다. 가축의 배설물과 트림에 포함된 메탄도 온난화와 관련되어 있습니다. 온난화에 미치는 효과가 이산화탄소보다 높은 것이 메탄인데, 농축산 분야에서 배출된 양이 계속 증가할 우려가 지적되고 있습니다(『일본경제신문』 2008년 12월 10일 자 석간).

식료 증산을 위하여 삼림을 벌채해서 농지로 하거나 방목을 하는 것 이외에도 온실효과가스가 배출되는 원인이 있습니다. 인간은 쾌적하게 살고 싶은 생물입니다. 그러한 욕구에서 에어컨이 발명되어 눈 깜빡할 사이에 전 세계에 보급되었습니다. 에어컨은 인공적으로 공기를 냉각시키기 위해 냉매가 필요합니다. 일반적으로 냉매로서 예전에는 프레온이 사용되었습니다. 그런데 프레온이 대기 중에 배출되자 오존층이 파괴된다는 것을 알게 되었습니다. 오존층이 파괴된다는 것은 자외선이 지표에 직접 들어온다는 것을 의미하는데, 이는 인간의 피부에 강력한 영향을 미칩니다. 그래서 프레온을 대신할 냉매로써 「프레온대체물질」이라고 불리는 것을 사용하게 되었습니다. 하지만 프레온대체물질은 오존층을 파괴하지는 않지만, 온난화에 심각한 영향을 미치는 온실효과가스였습니다. 가정뿐만 아니라 사무실이나 자동차의 에어컨에도 프레온대체물질을 사용하고 있습니다. 이러한 에어컨을 폐기할 때 그대로 대기 중에 프레온대체물질이 방출되면, 전체적으로 양이 적다고 하더라도 온난화에 미치는 효과가 매우 높아지기 때문에 문제가 커집니다.

▶ 온난화에 대한 국제적 대처

대기는 지구를 감싸고 있습니다. 온난화와 관계가 없는 나라는 없습니다. 그러나 산업의 발전단계에서 온실효과가스의 배출량이 증가하는 것에서도 상상할 수 있는 것처럼, 산업발전이 일단락된 나라와, 지금부터 산업을 발전시키려고 하는, 즉 온실효과가스의 배출량이 증가하는 것을 예상할 수 있는 나라 사이에 이해가 대립할 수 있는 문제가 생깁니다.

온실효과가스의 배출이 기후변화의 원인이 되는 것에 대하여 회의적인 견해도 적지 않습니다. 과학적이고 객관적인 근거에 기초하지 않아 불안을 부채질하는 주장도 있을 수 있으므로 무엇이 진실인가를 냉정하게 논의할 필요가 있습니다.

세계가 관심을 가지는 주제이기 때문에 1988년에 유엔환경계획(UNEP)과 세계기상기구(WMO)가 「유엔 기후변화에 관한 정부 간 패널」(IPCC: Inter-governmental Panel on Climate Change)을 설립했습니다.

많은 과학자들이 연구성과를 모아 논의를 계속하고 있습니다. 5~6년에 한 번 정도로 보고서를 정리하여 최신의 과학적 성과를 발표하고 있습니다. 이것이 지금은 거의 세계적인 합의가 되어 기후변화에 관한 국제적 협상에 영향을 주고 있습니다.

기후변화에 관한 국제적 협약 가운데 최상위에 위치하는 것이 「기후변화기본협약」(1992년)입니다. 이 협약은 기후변화와 그 원인이 되는 온실효과가스의 배출에 대하여 어떻게 대처할 것인지를 세계가 합의한 것입니다. 이해가 대립하기 쉬운 온난화문제이긴 하지만 이처럼 각국이 협조하여 온실효과가스의 배출을 감소시키려고 하고 있습니다. 기후변화기본협약의 사고 저변에서 구체적인 시책을 결정하기 위한 논의가 오랜 기간에 걸쳐 계속되고 있습니다. 지금까지 체결된 관련 조약에서 중요한 것에는 「교토의정서」와 「파리협정」이 있습니다. 이 모두 국제합의를 명문화한 조약입니다. 관련 국가들은 이러한 조약에 따라 국내법을 정비하게 됩니다.

IPCC(기후변화에 관한 정부 간 패널)

각국의 정부에서 추천받은 과학자가 참가하여 지구온난화에 관하여 과학 · 기술 · 사회경제면에서 평가를 하고 있습니다. 최고의결기관인 총회, 3개의 실무그룹, 조사단(Inventory Task-force)으로 구성되어 정책결정자와 일반인이 여기에서 얻어진 식견을 널리 이용할 것을 목표로 하고 있습니다.

제1 실무그룹에서는 이산화탄소의 배출량과 온난화의 현상, 그 미래예측과 이상기상과의 관련 등 기후변화의 자연과학적 지식을 통합하고 있습니다. 제2 실무그룹에서는 온난화가 초래하는 생태계, 수자원, 농작물, 사회경제시스템 등에 대한 영향을 평가하고 장래 위험에 어떻게 대응하는가에 대하여 대응책을 정리하고 있습니다. 제3 실무그룹에서는 2℃ 이내로 온도상승을 억제하기 위하여 이산화탄소의 배출감축에 대하여 여러 가지 완화책과 그 효과의 예측을 통괄하고 있습니다. 조사단에서는 각국의 온실효과가스 배출량 · 흡수량의 목록(inventory)을 책정하기 위한 계획을 입안하고 있습니다. 지금까지 IPCC의 과학적 소견은 새로운 국제적 정치협상의 방향성에 큰 영향을 주고 있습니다.

杉本憲彦(스기모토 노리히코)

▶ 온난화에 대한 일본의 대처

일본에서는 1998년에 「지구온난화대책 추진에 관한 법률」, 이른바 온난화대책추진법을 제정했습니다. 이 법률의 목적은 다음과 같습니다.

온난화대책추진법 제1조

이 법률은 지구온난화가 지구 전체의 환경에 심각한 영향을 미치고, 기후에 대하여 위험한 인위적 간섭을 하지 않는 수준에서 대기 중의 온실효과가스의 농도를 안정화시켜 지구온난화를 방지하는 것이 인류공통의 과제이고, 모든 사람들이 자주적이고 적극적으로 이 과제에 대처하는 것이 중요하다는 것을 감안하여, 지구온난화대책에 관하여 지구온난화대책계획을 책정함과 아울러 사회경제활동, 기타 활동에 의한 온실효과가스의 배출억제 등을 촉진하기 위한 조치를 강구함으로써 지구온난화대책의 추진을 꾀하고, 나아가 현재 및 미래의 국민이 건강하고 문화적인 생활의 확보에 기여함과 더불어 인류의 복지에 공헌하는 것을 목적으로 한다.

이 규정 가운데 「감안하다」라고 쓰여 있는 부분에 주목해 주시기 바랍니다. 「감안」이라고 하는 말을 사용하는 경우는 이 말 앞에 쓰여 있는 것을 입안자가 사실로서 인정한다는 것을 의미합니다. 「감안」이라는 말은 결코 자주 사용되고 있지는 않습니다. 사실에 대하여는 애매한 채로 법률을 만든 것도 있습니다. 온난화대책추진법의 경우는 사실상 지구온난화에 대하여 행동하는 것의 중요성을 인식하는 것에 충분히 주의해야 합니다.

또 「모든 사람들이 자주적이고 적극적으로 … 대처하는」이라는 문구에도 주목해 봅시다. 위반행위에 대하여 국가가 벌칙을 부과하여 온난화대책을 추진한다고 하는 발상이 아니라, 사업자나 국민 등 모든 사람이 온난화대책에 자주적이고 적극적으로 대처하는 제도를 만드는 것을 정부가 하기 위한 법률이라고 이해해야 할 것입니다.

예를 들면, 공장에서 배출된 온실효과가스를 규제하려고 하는 경우, 정부가 배출량의 상한치를 설정하여 규제하는 구조보다도 온실효과가스의 종류와 배출량을 자주적으로 공표하도록 요구하는 것을 생각할 수 있습니다. 개별 데이터를 사업자가 측정하고 정부가 이를 정리하여 공표하는 방법도 좋겠지요. 적극적인 정보의 개시에 의해 투자자와 일반 소비자에게 많은 판단자료가 제시됩니다. 환경을 좋게 하기 위하여 노력하고, 그것이 데이터로 나타나는 사업자를 시장은 높이 평가하기 때문에, 투자자의 자금이 모이기 쉽고 소비자에게 제품을 팔 수 있습니다. 환경을 좋게 하는 데 공헌하지 않는 사업자는 시장에서 평가되지 않습니다. 따라서 자금도 모이지 않고 제품도 팔리지 않게 됩니다. 온난화대책추진법은 정부가 강제하는 것이 아니라, 시장의 경제적인 평가를 통하여 온실효과가스의 배출억제를 지향하는 인센티브를 주는 구조입니다.

법률의 목적규정을 읽자

예전의 법률에서는 찾아볼 수 없지만 최근에는 제1조에 「목적」을 규정한 법률이 대부분을 차지하고 있습니다. 일부러 한 개의 조문을 할애하여 왜 법률의 목적을 규정하고 있을까요? 이는 법률의 목적을 확실히 정해두지 않으면 구체적인 내용을 나타내는 개개의 조문을 해석 · 적용하는 데 통일성을 기할 수 없고 혼란을 초래할지 모르기 때문입니다. 법률을 집행하는 행정기관과 법률에 기초하여 다툼을 판단하는 법원은 개개의 조문 취지를 생각할 때 목적규정을 참조하고 있습니다. 즉, 법률의 목적규정은 그 법률을 해석 · 적용할 때 기본지침이 됩니다.

같은 분야 법률의 목적규정을 비교해 보면 흥미로운 것을 알 수 있습니다. 예를 들자면, 이 책에서 들고 있는 순환형사회형성추진기본법은 「현재 및 미래 국민의 건강하고 문화적인 생활을 확보하는 데 기여하는 것」을 궁극의 목적으로 하고 있습니다. 이에 대하여 온난화대책추진법은 「현재 및 미래 국민의 건강하고 문화적인 생활을 확보하는 데 기여함과 더불어 인류의 복지에 기여하는 것」을 궁극적인 목표로 하고 있습니다. 온난화대책추진법은 「인류의 복지에 기여하다」라는 보다 스케일이 큰 목적을 들어 국제적인 관점이 필요하다는 것을 시사하고 있습니다. 순환형사회형성의 추진과 지구온난화대책의 추진에서는 문제의 성질이 다르다는 것이 나타나 있는 것입니다.

青木淳一(아오키 준이치)

[표 3.1] 교토의정서와 파리협정의 차이점

	교토의정서(1997년)	파리협정(2015년)
전체의 목표	• 기후변화기본협약의 궁극적인 목적(인위적 기원의 온실효과 가스를 억제하고, 대기 중의 농도를 안정화)을 염두에 둔다	• 산업혁명 전부터 기온상승을 2℃보다 아래로 억제하는 것을 세계 전체의 장기목표로 하면서 1.5℃로 억제하도록 노력한다 • 금세기 후반에 온실효과가스의 인위적 배출과 흡수가 균형을 이루도록 세계의 배출량 최대치를 가급적 조기에 억제하고 최신 과학에 따라 급격하게 감축한다
감축목표의 설정	• 선진국 전체에서 5년간(2008~2012)에 1990년 대비 5% 감축을 목표로 한다 • 선진국에 법적 구속력 있는 배출감축목표를 의무화한다(일본 6%, 미국 7% 감축, EU 8% 감축 등)	• 모든 나라에 대하여 각국이 결정하는 감축목표의 작성·유지·국내대책을 의무화한다 • 모든 나라에 대하여 5년마다 감축목표를 제출·경신하도록 의무화한다
적응	(없음)	• 적응의 장기목표를 설정한다 • 각국은 적응계획과정과 행동의 실시, 적응보고서 제출과 정기적 갱신
개발도상국 지원	• 선진국에 대하여 개발도상국에 대한 자금지원을 의무화한다(기후변화기본협약에 기초한다)	• 선진국에 대하여 개발도상국에 자금지원을 의무화한다 • 선진국 이외의 당사국에 대하여도 개발도상국에 대한 자주적인 자금지원을 장려한다

▶ 온난화대책에 대처하기 위한 구조의 변화

심각한 공해가 발생하여 중대한 사회문제가 되었던 시대에는 정부가 강제하고 엄격한 제재를 과함으로써 환경을 통제하는 것이 현실적이었습니다. 이에 비해 온난화대책추진법에는 현대사회에서 모든 사람들이 당사자가 되어 정책에 참가하고 환경을 통제해야 한다는 생각을 기초로 하고 있다고 이해할 수 있습니다.

기후변화에 관한 파리협정도 이와 같은 생각에 기초하고 있다고 말할 수 있습니다(표 3.1). 각국이 자주적으로 목표를 설정하고 달성상황을 공표하는 것을 정하는 한편, 이를 지키지 않는 경우의 제재에 대하여는 규정하고 있지 않습니다. 제재의 가능성을 담보함으로써 노력을 촉진한다는 발상은 아닌 것이지요. 배출감축목표도 각국이 자주적으로 설정하게 되어 있고, 목표치도 의무화하고 있지 않습니다. 온실효과가스의 배출억제가 누구에게도 중요한 과제가 되고, 누구에 대하여도 자주적·적극적으로 대처해야 한다는 것을 합의한 것이 파리협정의 골격이 되고 있습니다. 교토의정서는 목표수치의 달성을 의무화하고 있으므로 사고방식에 큰 변화가 있는 것이 분명합니다.

— 青木淳一·六車 明(아오키 준이치·로쿠샤 아키라)

3.2 인류가 초래한 온난화

▶ 적외선에 의한 온실효과

지구가 온난화되고 있다는 사실을 뉴스나 신문에서 보거나 들은 적이 있을 겁니다. 지금은 중학교나 고등학교의 이과 교과서에서도 가르칩니다. 여기에서는 복습을 겸하여 다시 한번 온난화는 어떤 현상이고, 어떤 결과를 초래할지 예상할 수 있는가를 보도록 하겠습니다.

지구의 평균기온은 오랜 세월 동안에는 거의 변화하지 않았습니다. 이는 태양광의 입사와 지구로부터의 적외선의 방사가 서로 균형을 잡고 있기 때문입니다. <그림 3.1>에 온실효과의 개념도가 있습니다. 태양으로부터 내리쬐는 빛의 에너지는 대기와 지표에 의해 흡수된 뒤 다시 우주공간으로 방출됩니다. 대기가 흡수한 에너지는 다시 지표로 방출되는데, 그 양이 많으면 지구의 기온이 상승하게 됩니다. 이것이 온실효과입니다. 만약 온실효과에 기여하는 가스, 즉 온실효과가스가 없으면 지구의 대기온도는 약 -19℃가 되지만, 온실효과가스 덕분에 평균기온이 약 14℃로 유지되고 있습니다.

[그림 3.1] 온실효과의 개념도

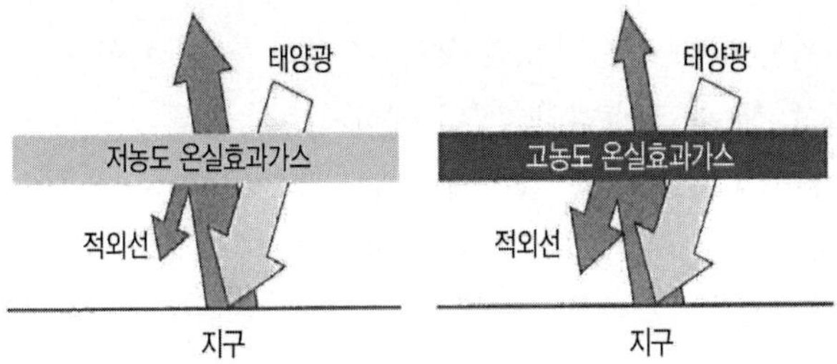

[그림 3.2] 전자파의 파장과 에너지와의 관계

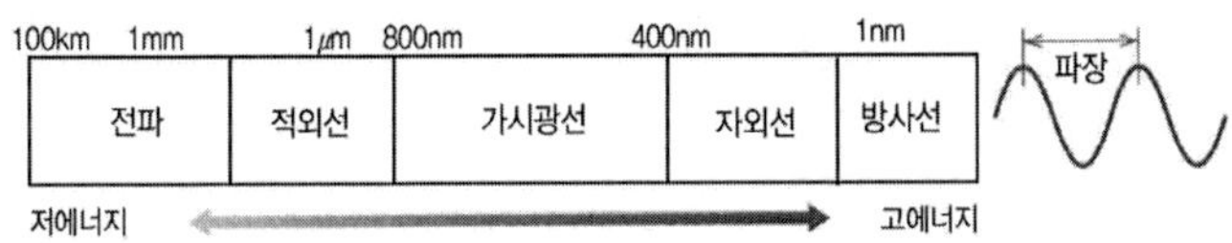

이 온실효과에 중요한 역할을 하는 적외선이라는 것은 어떤 것일까요? 적외선은 다른 말로 「열선」이라고도 하는데, 열이 있는 것에서 방출되는 빛(전자파)입니다. <그림 3.2>에는 전자파의 파장과 에너지와의 관계가 나타나 있습니다. 빛은 "산, 계곡, 산, 계곡..."이 계속되는 파(波)라고 생각되며, 파의 산에서 산까지의 거리를 「파장」이라고 합니다. 가시광선은 보라색의 파장 약 400nm(n은 「나노」라고 읽고, 10억분의 1을 의미합니다)에서 빨간색의 약 800nm까지입니다. 보라색보다 파장이 짧아 눈에 보이지 않는 빛이 자외선, 빨간색보다 파장이 길어 눈에 보이지 않는 빛이 적외선입니다. 숯불에서 나오는 적외선으로 찬찬히 고기를 굽는 것처럼, 빛의 형태로 열을 전달하는 것이 적외선의 특징입니다.

적외선은 TV 등의 리모컨에서도 사용되고 있습니다. 리모컨의 버튼을 누르는 것으로 눈에 보이지 않는 적외선이 나와 TV의 본체를 조작할 수 있습니다. 리모컨의 적외선에 손을 대도 살이 타지 않지만, 태양에서 내리쬐는 자외선을 맞으면 살이 탑니다. 즉, 자외선은 에너지가 높은 빛이라고 할 수 있습니다. 빛의 에너지는 파장에 반비례하므로 파장이 긴 적외선은 자외선에 비해 에너지가 낮은 것을 알 수 있습니다. 에너지가 높은 빛은 산소와 질소의 분자를 원자로 쪼개거나 원자로부터 전자를 끌어내어 이온으로 만들기도 합니다. 한편, 에너지가 낮은 적외선은 분자를 쪼갤 수 없습니다. 대기 중의 「온실효과가스」라고 불리는 분자는 그 적외선을 흡수·방출합니다. 열운동을 하고 있는 분자에서 방출된 적외선이 먼 곳에 있는 분자에 흡수됩니다. 그렇게 흡수된 적외선에 의해 분자가 열운동을 강하게 하여 대기의 온도상승이 일어납니다.

▶ 이산화탄소에 의한 기후변화

현재의 지구는 서서히 온난화되어가고 있습니다. 즉, 지구대기의 온도가 상승하고 있는 것입니다. 그 원인은 지구의 온실효과를 초래하는 온실효과가스가 증가했기 때문입니다. 이에 따라 몇천, 몇만 년간 지켜왔던 에너지 출입의 균형이 붕괴되어 가고 있습니다. 지구상공에는 대기층이 있습니다. 상공 11Km 정도까지를 대류권이라고 하고, 지구대기의 80%의 질량이 이 층에 존재합니다.

온실효과가스 가운데 이산화탄소는 같은 농도에서는 지구를 온난화하는 능력(온난화계수)이 가장 낮지만, 체적(실제로는 질량으로 환산됨)이 압도적으로 많이 존재합니다. 결과적으로 인위적으로 생긴 온실효과가스 총배출량을 점하는 가스 종류별 비율의 경우, IPCC 제5차 평가보고

서인 2010년의 이산화탄소 배출량 환산에서는 이산화탄소가 76.0%(그 가운데 화석연료에서 유래하는 것이 65.2%, 나머지가 삼림감소와 토지이용변화 등이 10.8%), 메탄이 15.8%, 일산화이질소(N2O) 6.2%, 프레온이 2.0%입니다.

화석연료를 태우면 이산화탄소 외에 수증기가 발생하는데, 인위적으로 발생하는 온실효과가스에는 포함되지 않습니다. 수증기는 첫 번째 온실효과가스로 이산화탄소의 약 2배 내지 3배의 영향을 준다고 하는데, 바다 등에서 증발된 수증기는 구름이 되어 비를 내려 바다로 다시 돌아가는 순환시스템을 만들고 있습니다. 따라서 지구에는 본래 많은 수증기가 존재하고 있습니다. 화석연료의 연소에서 생기는 증가비율은 본래 존재하고 있는 수증기량에 비해 무시할 수 있는 양이라고 IPCC 제5차 평가보고에서 답하고 있습니다. 다만 지구온난화에 의한 기온상승에 의해 자연적으로 발생하는 수증기량이 증가하여 더욱 온난화를 가속화시킵니다. 이를 「수증기 피드백」이라고 부르는데, 이는 인위적으로 발생하는 수증기는 아닙니다. 따라서 온실효과에 가장 기여하고 있는 인위적 발생 온실효과가스는 이산화탄소라고 할 수 있습니다. 특히 화석연료에서 유래하는 것이 많이 차지하고 있습니다. 온실효과가스는 지구순환을 변화시켜 가뭄이나 태풍 등의 자연재해가 증가한다는 것을 예상할 수 있습니다. 그래서 화석연료에 의존하는 사회를 개선할 필요가 있는 것입니다.

이처럼 온실효과가스는 현재로서는 나쁜 것으로 취급하고 있는데, 스타티안 빙하기(Sturtian glaciation) 및 마리노니안 빙하기(Marinoan glaciation, 약 7억 3천만 년 전~약 6억 3,500만 년 전)에는 지구표면 전체가 동결될 정도의 격심한 빙하기가 있었다고 하는데, 지구를 덮고 있던 동결상태의 얼음이 녹은 것은 화산활동 등에 의해 방출된 이산화탄소에 의한 온난화가 원인이었다고 합니다. 그렇게 생각하면 어떤 시기에는 생물에게 필요한 온실효과가스였다고도 말할 수 있습니다. 더욱이 현재는 북극과 남극에 얼음이 남아 있기 때문에 빙하기 중 따뜻한 시기(간빙기)입니다. 다만, 지구의 기온이 오랜 역사 속에서 전(全) 지구를 동결한 원인과 빙기·간빙기의 사이클을 반복하는 것은 이산화탄소 때문이 아닙니다. 지구의 궤도변화 등에 의해 지구에 도달하는 태양빛의 에너지가 변했기 때문입니다. 현재의 지구에서는 이러한 태양빛의 에너지 변화 없이 급격하게 온난화되기 때문에 인위적으로 발생한 온실효과가스의 증가가 원인이라고 생각됩니다.

그러한 이산화탄소의 전 지구적 분포는 어떻게 되어 있습니까? 최근 항공기를 이용하여 관측한 바에 따르면, 대류권 상층의 이산화탄소의 연직방향(鉛直方向)[1] 농도는 전지구와 거의 같은 농도라는 것을 알게 되었습니다(예컨대, 항공기에 의한 대기관측 프로젝트 CONTRAIL 참조). 즉, 계절변동을 포함하여 약 1년에 상층 이산화탄소는 균일하게 서로 섞이게 됩니다. 이것으로부터도 자기 나라에서 배출한 이산화탄소가 전 세계, 나아가 지구 전체에 영향을 미친다는 것을 알 수 있습니다.

▶ 수치 시뮬레이션에 의한 온난화의 실증

2007년 노벨평화상이 미국의 전(前) 부통령이었던 앨 고어(Al Gore)와 IPCC에게 돌아갔습니다. IPCC가 작성한 보고서에서는 산업혁명 이후 화석연료의 사용에 의해 이산화탄소 농도가 증가하였고, 기온이 급격하게 상승하고 있다는 것이 기술되어 있습니다.

이러한 산업혁명 이전의 경향과 명백하게 달라진 현상을 재현한 것이 슈퍼컴퓨터를 사용한 수치 시뮬레이션입니다. 이산화탄소가 적었던

1) 연직방향이란 지면에 대해 물체를 매단 실이 나타내는 수직 방향을 말한다.

시대를 자연계에서 재실험하는 것은 불가능하지만, 컴퓨터에서는 이산화탄소가 적었던 과거의 농도를 데이터로 주어 재현할 수 있습니다.

<그림 3.3>에 자연에서 발생한 것과 인위적으로 발생한 것의 영향을 고려한 세계평균 지상기온(육지와 해상)의 수치 시뮬레이션 결과와 관측치의 비교가 나타나 있습니다. 이 수치 시뮬레이션은 세계 각국의 기관이 독립적으로 행한 것입니다. 화석연료에서 유래하는 이산화탄소가 없었던 경우와 있었던 경우에서 현재의 기온이 어떻게 되는가를 과거에서부터 현재까지 계산한 것으로 그 차이가 명백하게 나타나 있습니다. 실제로는 이산화탄소 이외의 인위적 발생의 영향요인 모두를 고려하여 계산하고 있습니다. IPCC 보고서에서는 이들 모든 기관의 계산결과의 평균치만을 기록한 것이 아니라 각각의 최대치와 최소치, 즉 계산모델에 의한 차이(불명확함)까지 포함하여 표현하고 있습니다. 그 결과, 태양과의 위치관계 등 자연적 발생에 의한 기온에 대한 영향만을 고려한 것과 비교하여 인위적 발생에 의한 기온에 대한 영향을 더한 경우가 이 관측치에 잘 일치하고 있습니다. 또 자연적으로만 발생한 것과 인위적으로 발생한 것을 고려한 경우의 결과에는 의미 있는 차이가 있습니다.

[그림 3.3] 자연발생 · 인위적 발생에 의한 영향을 고려한 세계평균 지상기온의 비교

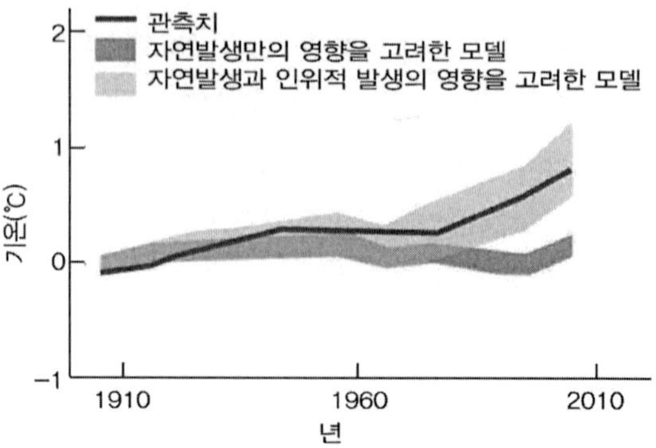

*[IPCC 제5차 평가보고서에서 발췌]

IPCC 제5차 보고서에서는「기후에 대한 인위적 영향은 대기와 해양의 온난화, 세계의 물 순환의 변화, 설빙의 감소, 세계평균 해면수위의 상승 및 몇몇 기후의 극단적인 현상의 변화에서 검출되고 있다. 인간에 의한 영향이 20세기 후반 이후 관측된 온난화의 지배적인 원인이었을 가능성이 매우 높다(95%)」고 쓰여 있습니다.

▶ 극단현상과 예방원칙

온난화의 원인을 알았지만, 장래 예측으로서 극단현상이 증가할 것도 예상할 수 있습니다.「극단현상」이라 함은 기온과 풍속, 강우량 등 통계적으로는 그 수치의 분포가 상위 5% 내지 하위 5% 정도밖에 들어가지 않는 현상을 말합니다. 즉, 좀처럼 발생하지 않을뿐더러, 일단 발생하면 그 위력이 극심한 현상입니다. 예컨대, 수치 시뮬레이션의 예상

에서는 온난화에 의해 수증기량이 증가합니다. 그 결과, 태풍이 발생하기 쉬운 환경이 만들어지기 쉽습니다. 최대풍속이 45m/s을 넘는 태풍의 발생빈도는 온난화에 의해 증가하는 것을 예상할 수 있습니다. 즉 극단현상의 증가입니다.

조금 다른 얘기이긴 하지만 환경문제 특유의 생각으로서 「예방원칙」, 「예방적 대처」라는 것이 있습니다. 이는 과학적 불확실성이 존재하는 상황에서의 정책결정의 사고방식이 됩니다. 1992년 「환경과 개발에 관한 리오선언 '원칙 15'」에 「심각하거나 불가역적인 피해의 염려가 있는 경우에는 완전한 과학적 확실성의 결여가 비용대비 효과가 큰 대책을 연기한 이유로 사용되어서는 아니 된다」고 규정되어 있습니다. 지구온난화에 의해 장래 극단현상의 증가가 예상되고 있는데, 이를 그대로 하는 것이 아니라 비용대비 효과가 큰 대책으로 삼거나, 아니면 생각해 가는 것이 중요한 책무라고 생각합니다. 또 그러한 극단현상의 증가를 줄이기 위해서는 지구온난화대책을 정확히 시행하여 온실효과가스의 배출량을 줄이는 것을 생각할 필요가 있다고 생각합니다.

— 小林宏充(고바야시 히로미치)

3.3 경제적 구조에 의한 해결

▶ 가격의 작용

극단현상이 생기는 것을 고려하여 대책을 세우는 것이 중요하다는 것을 알았습니다. 실은 경제의 세계에서도 마찬가지입니다. 극단적으로 주가와 환율이 오르거나 내리는 것이 최근 눈에 띕니다. 경제가 극단으로 움직여 사람들의 생활에 큰 피해를 주고 있습니다. 특히 사회적 약자에게 피해가 미치는 것이 문제가 되고 있습니다. 극단적인 움직임이 생기는 이유를 해명하고 대책을 세우는 것이 절실한 문제가 되었습니다.

그런데 예전에는 경제의 극단적인 움직임이 그다지 화제가 되지 않았던 것은 왜일까요? 생각해 보면 이상한 일입니다.

경제에는 안정적으로 움직일 수 있도록 하는 메커니즘이 있습니다. 예를 들어, 새로운 발명을 하면 그것이 잘 팔려 많은 이윤을 얻을 수 있습니다. 그렇게 되면 그것을 흉내 내어 돈을 벌려고 하는 사람이 반드시 나오게 마련이기 때문에 모두 언젠가는 누구도 극단적으로 이윤을 얻을 수 없게 됩니다. 극단적인 현상이 경제 메커니즘에 의해 없어져 버리는 것이지요. 경제에 많은 사람들이 있는 것도 다른 형태로 경제를 안정시킵니다. 어떤 사람에게 손해가 될 것 같은 움직임이 경제에 있을 때 같은 상황에서 돈을 버는 능력을 갖춘 사람이 또다시 등장하게 됩니다. 손해를 본 사람도 이익을 얻는 사람도 있기 때문에 사회 전체가 크게 요동치지 않게 됩니다.

이와 같은 안정적인 메커니즘을 설명하는 것이 경제학의 역사였습니다. 경제학의 창시자라고 불리는 애덤 스미스는 「보이지 않는 손」이라는 말로 모두가 개인적인 욕구를 추구하는 것이 결과적으로 사회의 진보와 안정을 실현한다는 사고를 정리했습니다. 현대 경제학에서는 「가격 메커니즘」 또는 「시장 메커니즘」이라는 생각을 했습니다. 사람들이 돈을 벌 수 있는 기회, 손실의 상황을 가격이 움직여 잘 안정시키는 메커니즘이지요.

이 메커니즘의 중심에 있는 것이 가격입니다. 가격이 높은 재화가 있으면, 돈 벌 수 있는 기회를 노려 그 재화를 팔려고 하는 사람들이 시장에 점차 참여하게 됩니다. 그런데 참가자가 늘어나면 늘어날수록 경쟁이 격해지고, 가격이 서서히 낮아집니다. 돈 벌 수 있는 기회가 적어지는 것이지요. 가격이 높을 때는 그 재화를 사려고 하지 않았던 사람들이 가격이 낮아지면 자신도 사볼까라고 생각하게 됩니다. 이러한 움직임이 거듭되어 경제는 늘 파는 사람과 사는 사람이 알맞게 있는 안정적인 상태로 자리 잡게 됩니다. 수요와 공급이 일치하는 상태로 향하는 움직임, 즉 안정적으로 되려는 움직임이 생기는 것입니다.

▶ 경제활동과 환경

이와 같은 시장 메커니즘은 예전에는 비교적 잘 기능해 왔습니다. 경제의 극단적인 움직임을 안정시키는 힘이 작용했기 때문이지요. 다만 인간의 경제생활의 규모가 그다지 큰 것이 아니었고, 환경에 대한 부담을 그다지 주지 않아서 환경파괴를 야기했다고 해도 그 지역에서 잘 조절되었습니다. 예전에는 인간의 생활에 비하여 환경의 수용력이 컸습니다. 인간의 활동에 의한 부담은 환경이 모두 막아주었습니다. 환경에 적응하면서 시장 메커니즘의 유도에 따라 극단적인 움직임이 적어 안정적인 삶을 영위할 수 있었습니다.

인간의 활동규모가 커지자 얘기가 달라졌습니다. <그림 3.4>는 경제활동이 예전에는 환경에 비하여 매우 작았었지만 현대사회에서는 매우 커져서 환경을 압박하게 된 것을 이미지화한 것입니다. 통계적으로 매우 예외적인 기온과 풍속, 강우량 등을 관측하게 된 것이지요. 주된 원인의 하나가 바로 인간의 활동규모의 거대화입니다. 지구온난화 문제가 바로 그 일례입니다. 온실효과가스를 대량으로 내뿜게 되어 그것이 지구규모로 문제를 야기하게 된 것입니다.

[그림 3.4] 경제활동과 환경규모의 변화

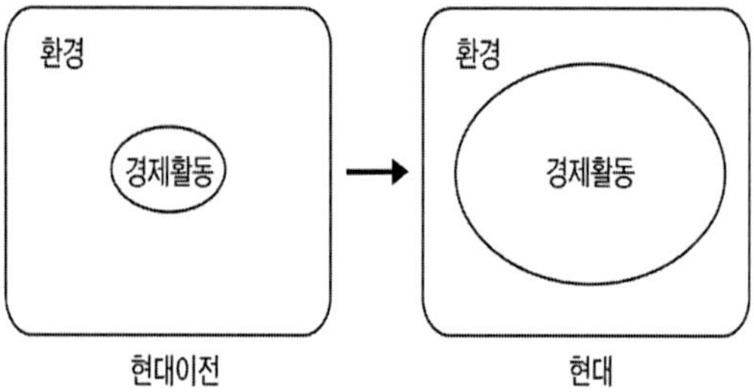

인간의 활동규모가 커졌다고 해도 전 세계의 모든 나라에서 구석구석까지 온실효과가스를 대규모로 방출하는 것은 아닙니다. 아직 경제활동의 규모가 작아서 온난화의 원인을 만들지 않는 나라가 있는 반면, 대량으로 온실효과가스를 배출하는 나라도 있습니다.

온실효과가스를 대량으로 배출하는 나라도 기후변화를 야기하고 싶지는 않을 것입니다. 경제활동의 규모를 확대하고 경제적으로 풍족하기 위하여 온실효과가스를 배출했던 것입니다. 풍족하기 위한 대가로서 온난화가 생겼다고나 할까요? 반대로 지금까지 온실효과가스를 그다지 배출하지 않았던 나라는 경제적으로 풍족하지 못합니다. 경제적 풍요는 누구나가 추구하고자 하는 것이므로 이러한 (경제적으로) 지체된 나라의 사람들은 지금부터 온실효과가스를 배출하여 풍족해지고 싶다고 생각하고 있습니다.

온난화가 지구규모로 문제가 되어 온 지금, 생각해야 할 것이 두 가지 있습니다. 첫째, 더 이상 온난화가 발생하지 않도록 경제활동의 규모를 억제하든지, 온실효과가스의 배출을 억제하면서 경제적으로 풍족하게 되는 방법을 탐색하는 것입니다. 둘째, 온난화에 따른 이익과 그때문에 생긴 피해를 지구규모에서 평등화하는 것입니다. 첫 번째 문제는 지구 전체에서 경제활동과 환경의 균형을 생각하는 것입니다. 두 번째 문제는 나라마다의 격차문제인데, 어떻게 각국이 평등하게 온난화의 해결에 대처해야 하는가 하는 문제입니다. 온실효과가스를 배출하는 것으로 이미 풍족하게 된 나라와, 아직 경제적으로 풍족하지 못해 지금부터 온실효과가스를 배출하려고 생각하는 나라와의 평등 문제입니다.

▶ 첫 번째 문제: 지구전체에서의 문제해결 - 친환경기술

첫 번째 문제에 대하여는 경제적으로 풍족하게 되는 것보다도 환경과 조화하면서 조심해서 살아야한다고 주장하는 사람들이 있습니다. 부탄의 전(前) 국왕은 경제적 풍족보다도 인간적인 행복을 추구해야 한다고 주창했습니다. 태국의 전(前) 국왕도 「만족을 아는 경제」라고 하는 말로서, 살아가면서 적절한 생활수준이 달성되는 것으로 만족하는 사고방식을 주장했습니다. 이러한 생각에 세계의 많은 사람들이 공감을 하고 있습니다. 그러나 온실효과가스의 배출을 우선하여 생활수준을 억제하기 위해 적극적으로 행동하는 사람들이 많다고 말할 수는 없습니다. 더 이상 경제적으로 풍족하지 않게 되어도 좋다고 생각하는 사람들이 있을지 모르지만, 생활수준을 지금까지보다도 소규모로 하려고 적극적으로 움직이는 사람들은 그다지 없습니다.

친환경제품을 선택한다면 많은 사람들이 무리 없이 할 수 있을 것입니다. 거의 동일한 경제적 풍족함을 실현하기 위하여 친환경상품과 그렇지 않은 상품이 눈앞에 있다면 다소 가격이 높아도 친환경상품을 선택하는 것이 좋겠지요. 그러한 사고방식이라면 증가해 왔을지도 모릅니다. 그러한 움직임이 궤도에 오르면, 친환경상품을 보다 값싸게 제공할 수 있을 것입니다. 온실효과가스를 억제하면서 경제적으로 풍족하기 위한 기술혁신이 문제해결에 중요합니다. 보다 적은 온실효과가스 배출로 같은 풍족함을 실현하는 것이 가능하도록 하는 것입니다.

경제적 풍족함의 실현을 위하여 온실효과가스의 배출이 필수적이라고 해도 <그림 3.5>처럼 친환경기술을 개발하면 보다 적은 배출로도 같은 경제적 풍족함을 실현할 수 있을 것입니다.

[그림 3.5]　기술개발에 의한 온난화대책

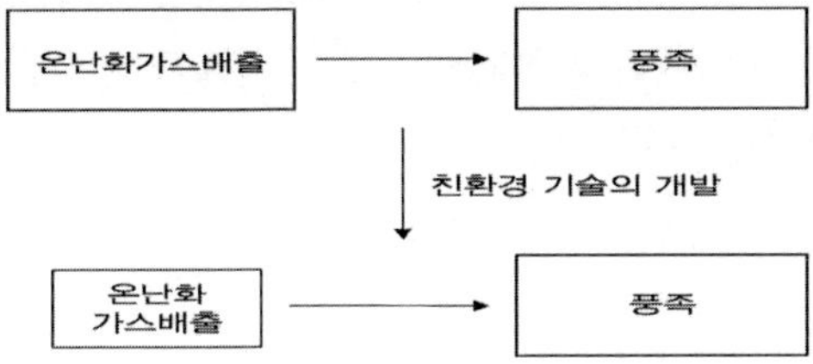

▶ 두 번째 문제: 각국 간의 격차

이러한 기술이 진보하면, 두 번째 문제도 조금씩 해결해 갈 수 있습니다. 아직 경제적으로 풍족하지 않은 나라, 즉 개발도상국에 환경과 양립하는 기술이 있다면 환경파괴·온난화를 유발하지 않고 경제적으로 풍족함을 실현할 수 있을 것입니다. 이러한 기술을 누가 개발하는가가 문제가 됩니다. 개발도상국에서는 친환경기술을 개발할 수 있는 힘이 있을 정도라면 경제적으로 풍족하기 위하여 같은 자원과 노력을 사용하고 싶을 것이라고 생각하겠지요. 이미 경제적으로 풍족한 선진국이 그것을 부담한다면 좋을 것입니다. 선진국은 이미 풍족하기 때문에 모처럼 얻은 풍족함의 일부를 친환경기술의 개발을 위해 사용하는 것이 비합리적인 것처럼 생각할 수 있습니다. 하지만 그렇지 않습니다. 선진국이 친환경기술을 개발하여 개발도상국의 환경파괴를 억제하는 것은 결과적으로 신진국한테도 좋은 일입니다. 현대의 환경파괴는 지구환경 문제이고, 한 지역의 환경파괴는 다른 지역에도 확대됩니다. 개발도상국에서의 환경파괴를 억제하는 것은 선진국에서의 피해를 경감하는 것과도 연결됩니다.

게다가 이미 경제적으로 풍족하게 된 나라들은 풍족한 자금과 축적된 지식을 사용하여 온실효과가스를 억제하는 기술을 개발할 수 있습니다. 그러한 기술을 값싸게 (경우에 따라서는 무상으로) 경제적으로 지체된 나라들에게 건넨다면 지금까지에 비해 온실효과가스의 배출을 억제하면서 지구전체에서 균형 잡힌 경제적인 풍족함을 실현할 수 있습니다. <그림 3.6>은 선진국이 온실효과가스를 대량으로 배출하고 있는 혜택을 자기들만의 풍족함을 위해서가 아니라 일부를 온실효과가스의 감축을 위한 기술을 개발하는 데 사용한다면 개발도상국도 선진국과 마찬가지로 풍족함을 실현할 수 있다는 것을 보여주고 있습니다.

[그림 3.6] 친환경기술개발에 자원을 돌리다

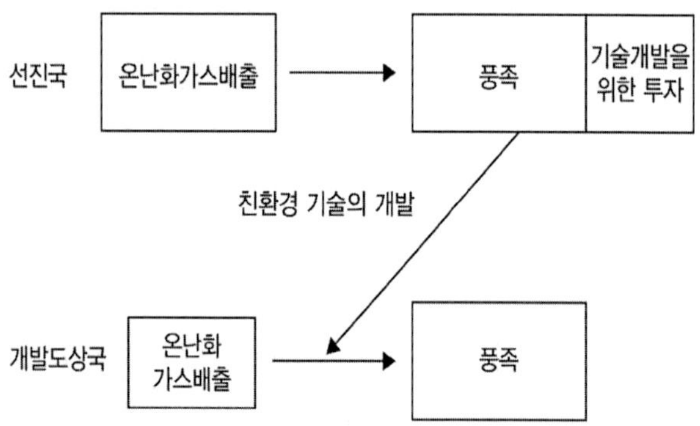

온실효과가스 배출을 억제하는 기술개발이 문제해결의 수단이 된다는 것을 보았습니다. 선진국은 이러한 기술개발을 위해 적극적으로 자금을 투입해야 합니다. 또 기술개발의 성과를 개발도상국에 건네주어야 합니다. 경제적으로 풍족하게 된 나라에는 그런 여유가 있습니다.

▶ 배출권거래

문제해결의 수단은 하나만이 아니라 여러 개인 편이 좋습니다. 기술개발은 확실하게 예상할 수 있는 것이 아니고, 선진국이 개발한 기술을 개발도상국에게 순조롭게 건네줄 것을 기대하는 것은 아무래도 너무 낙관적으로 보입니다.

두 번째 문제에 대해 「배출권거래」라고 하는 아이디어가 등장하여 실제로 국제적인 협약이 만들어져 있습니다. 온난화의 진행은 현실적으로 발생하고 있고, 지구 전체로 온실효과가스의 배출을 억제하는 것이 긴급한 과제이기 때문에 우선 지구 전체에서의 온실효과가스 배출총량을 정하려고 하는 발상에서 생겨난 것입니다. 1997년에 제3회 기후변화기본협상 당사국총회에서 배출총량을 정해서 각국에 온실효과가스를 배출할 권리를 분배하는 체제를 만들었습니다. 이 당사국총회는 교토에서 개최되었기 때문에 그 내용을 정리한 문서를 「교토의정서」라고 합니다.

교토의정서에는 각국의 온실효과가스의 배출량을 감축하기 위해 배출량을 설정했습니다. 그 배출량을 지키지 않는 경우에는 각국이 가지고 있던 배출량에서 배출권을 사와서 협약을 지킬 수 있습니다. 배출권을 파는 나라는 온실효과가스를 배출할 수 없게 되어 경제적으로 풍족하게 될 가능성이 없게 되는데, 그 부분을 배출국에서 돈으로 보상받게 되는 것입니다. 온실효과가스를 배출하는 것으로 경제적으로 풍족하게 되는 것이 아니라, 온실효과가스를 배출할 권리를 팔아서 경제적으로도 어느 정도 풍족하게 되는 길을 만든 것입니다.

단순화하면, 이 메커니즘은 <그림 3.7>과 같이 이해할 수 있습니다.

[그림 3.7] 배출권거래의 구조

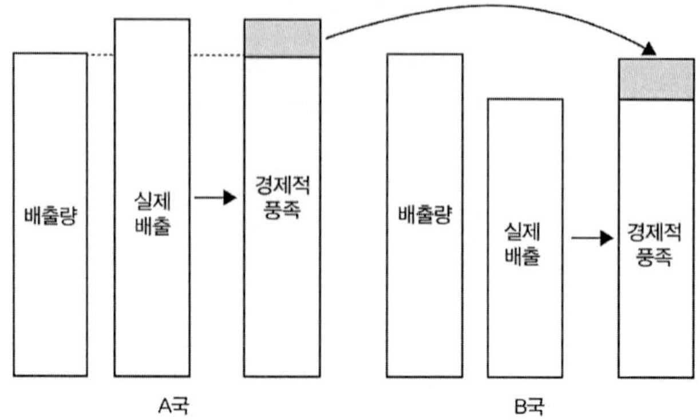

A국과 B국에서 배출권을 같은 양으로 설정했다고 생각해 봅시다. 환경파괴를 야기할 권리는 전적으로 같습니다. A국은 배출권을 넘어 온실효과가스를 배출하고 있습니다. 경제적으로 풍족함을 실현하기 위함입니다. 반대로 B국은 배출량보다도 실제의 배출액이 적으므로 실현할 수 있는 경제적 풍족함도 작게 됩니다. 배출권에 관한 약속을 파기한 A국이 풍족하게 되고, 약속을 지킨 B국은 풍족하지 않게 되어 불평등해집니다.

배출량을 넘어 온실효과가스를 배출하는 A국이 그 분량만큼 경제적인 풍족함을 B국에 준다면 평등하게 될 것입니다. 이것이 교토메커니즘, 배출권거래의 아이디어입니다.

인간의 경제활동규모가 커져 환경이 수용할 수 없을 정도가 되어 버렸습니다. 환경의 보호를 받으면서 시장 메커니즘의 작용으로 경제활동을 조절하고 있던 시대가 끝나고, 극단현상이 일어날 정도까지 환경을 파괴하고 경제적으로도 극단현상이 일어나는 시대에 우리들은 살고 있습니다. 시장 메커니즘이 안정적인 상태를 실현하려고 하는 힘보다도 환경을 파괴하고 그 마이너스의 영향력이 커지고 있습니다. 그런데 이러한 상태를 극복하기 위해 시장 메커니즘의 힘이 역시 큰 해결수단이 되어 왔습니다. 배출권거래는 그 대표적인 예입니다.

아이디어는 좋지만 실제로 그러한 메커니즘이 기능할까라고 의심하는 사람들도 많을 것이라고 생각합니다. 경제적인 풍족함을 양도한다는 것에는 동의한다고 해도 어느 만큼의 자원을 건네면 좋은가, 어떻게 계산하면 좋은가에 대하여는 각국의 이해가 대립할 것입니다. 분명 곤란한 일이 많이 일어날 것입니다. 그러나 배출권의 설정에 참가하는 나라들이 많게 되고, 배출권을 거래하는 시장이 충실하면 할수록, 어느 정도 경제적인 충족함을 양도하면 좋을지 자연적으로 정해질 것입니다. 시장 메커니즘의 구조가 있기 때문입니다. 세계에는 다양한 나라들이 있습니다. 배출량을 넘어 배출하는 것보다 다른 나라에 배출권을 파는 쪽이 이득이라고 판단하는 나라, 반대의 판단을 하는 나라가 있습니다. 이러한 나라들이 배출권시장에서 거래를 활발하게 하면, 자연적으로 가격이 각국의 이해관계를 조정하고 안정적인 상태를 실현할 것입니다.

– 大平 哲(오오히라 사토시)

3.4 에너지의 관점

▶ 화석연료와 에너지 보존법칙

3.2절에서 본 바와 같이, 지구온난화의 주된 원인은 화석연료의 연소에 의해 발생하는 이산화탄소입니다. 화석연료를 태우면 열에너지가 되는데, 이 화석연료의 에너지는 어디에서 온 것일까요? 여기에서는 에너지에 관하여 물리의 관점에서 생각해 보기로 합시다.

물리학의 중요한 법칙 가운데 하나로 「에너지 보존법칙」이라는 것이 있습니다. 이는 우주가 시작된 이래 깨어지지 않는 장대한 법칙입니다. 에너지에는 운동과 위치에너지 등의 역학적 에너지, 열에너지, 전기에너지, 빛에너지, 화학에너지, 핵에너지 등 여러 가지 형태가 있습니다. 이들은 형태가 변할 수 있는 한편, 그 에너지의 양은 보존되어 변화하지 않는 것입니다(그림 3.8).

[그림 3.8] 다양한 에너지와 그 변환의 예

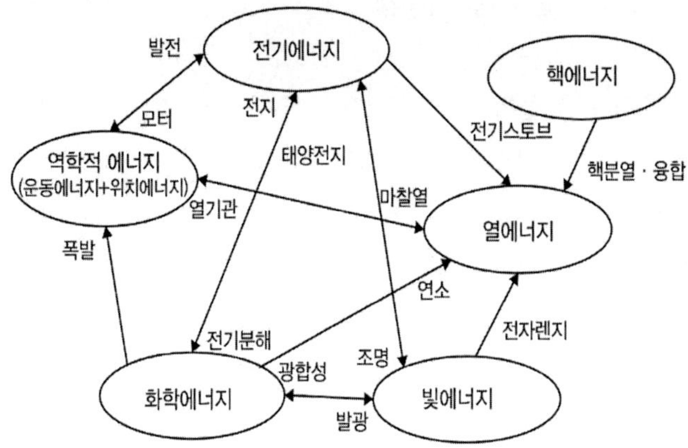

예컨대, 화석연료의 하나인 휘발유로 움직이는 자동차를 생각해 봅시다. 휘발유라는 화학에너지는 연소에 의해 열에너지로 됩니다. 이 열에너지에 의해 팽창된 연소가스로 엔진 내의 피스톤을 움직여 회전운동에너지로 변환해서 차를 나아가게 하는 것이 가능합니다. 화력발전에서는 발전기를 돌려서 회전운동에너지로부터 전기에너지를 얻습니다. 전기에너지는 모터를 사용하여 운동에너지로 변환시킬 수 있습니다. 또 전지의 화학에너지로서 축적하는 것과 니크롬선으로 열에너지로 변하게 하는 것, 조명으로 빛에너지로써 사용할 수도 있습니다.

그런데 화석연료의 에너지 기원은 어디에 있을까요? 화석연료의 기초가 되는 식물은 태양에너지를 이용하여 광합성을 해서 스스로의 몸(유기화합물)을 만들어냅니다. 즉, 화석연료라는 것은 지구가 오랜 세월에 걸쳐 태양에너지를 식물의 형태로 축적한 것입니다. 그렇지만 인류는 산업혁명으로부터 겨우 200년 정도의 사이에 화석연료를 거의 다 소진하고 있다고 합니다.

▶ 재생가능 에너지란?

여기에서 우리들이 통상 사용하고 있는 에너지의 기원에 관하여 생각해 봅시다. 앞에서도 설명한 바와 같이, 화석연료의 기원은 태양에너지입니다. 이들 화석연료는 휘발유 등의 연료로서 자동차나 비행기 등의 동력으로 사용되고 있습니다. 그러면 우리들의 생활을 유지해주는 전기에너지는 어떨까요? 현재 일본의 주요한 발전방식인 화력발전 에너지는 역시 화석연료, 즉 태양이 기원이 됩니다.

수력발전은 높은 곳에 떨어지는 물을 댐 등에 모아 그 물의 흐름을 이용해서 터빈을 돌립니다. 물은 증발하여 대기의 흐름을 타고 지구를 순환합니다. 이러한 증발과 대기의 흐름의 기원은 역시 태양에너지입니다. 대기의 흐름, 즉 바람을 이용한 발전이 풍력발전입니다. 바람은 파도를 만들어내어 그 힘을 이용한 파력(波力)발전의 기원도 역시 태양입니다. 태양빛 에너지를 이용한 태양광발전, 열에너지를 이용한 태양열발전도 그 기원은 태양입니다.

이렇게 보면, 지구에 들어오는 에너지의 기원은 거의 대부분 태양에서 유래한 것입니다. 그 가운데 우리들이 이용하고 있는 주요한 동력과 전력 에너지의 기원이 화석연료임에 주의할 필요가 있습니다. 화석연료는 과거의 지구가 수 억 년에 걸쳐 모아온 저금(축적된 에너지)입니다. 겨우 200년 만에 다 써버리면 더 이상 찾아 쓸 것이 없습니다. 그렇다면 어쩌면 좋을까요? 자급자족, 즉 지금 지구에 들어오는 태양에너지로 무엇인가를 해야만 합니다. 이것이 바로 재생가능한 에너지의 기초가 되는 생각입니다. 만약 지구에 들어오는 태양에너지를 잘 사용하여 과거의 저금(축적된 에너지)에 의존하지 않고 생활할 수 있다면, 에너지 문제는 해결할 수 있습니다. 수력, 풍력, 태양광, 태양열 등의 발전은 지금 있는 태양에너지를 이용하여 전력을 생산하기 때문에 지속적인 이용이 가능합니다. 그러나 우리들이 사용하는 모든 에너지를 재생가능 에너지로 자급자족하는 데에는 아직 갈 길이 먼 상태입니다.

그렇다면, 지구에 들어오는 에너지는 태양 외에는 없을까요? 몇 안 되는 예외의 하나로 원자력발전이 있습니다. 원자력발전은 우라늄 등 핵연료(핵반응물질)의 핵에너지를 사용하기 때문에 태양을 기원으로 하지 않습니다. 또 지열발전은 지구 내부의 열을 이용하기 때문에 태양을 기원으로 하지 않는 몇 안 되는 재생가능 에너지입니다. 그 외에 달의 인력을 이용한 조석간만의 차이를 이용한 조석(潮汐)발전도 있습니다. 그런데 태양에너지의 기원은 무엇일까요? 실은 태양은 수소의 핵융합으로 빛이 나는 것입니다. 즉, 핵에너지라고 할 수 있지요. 이것이 빛에너지로 형태를 바꾸어 우리들의 지구에 도달하는 것입니다. 핵에너지는 소량으로 엄청난 에너지를 만들어낼 수 있는데, 안전하게 이용할 수 있기 위한 제어가 어려워 군사적 이용, 방사선, 핵폐기물 등 여러 가지 문제가 있습니다.

▶ 식량과 에너지의 관계

그런데 우리 자신들도 살아가기 위하여 에너지가 필요합니다. 이 에너지는 먹을 것에 의해 얻어지지요. 그러면 먹을 것의 에너지는 어디에 있을까요? 식물에서 유래하는 곡물 등의 에너지는 광합성에서 얻은 태양에너지가 기원이 되고 있습니다. 초식동물은 식물을 먹고 성장합니다. 육식동물은 초식동물을 먹고 성장하지요. 결국, 이들 동물의 에너지원이 되고 있는 것도 태양에너지입니다. 바닷속에도 태양에너지를 기원으로 하는 식물플랑크톤을 먹이로 하는 어패류가 성장하고 있습니다.

우리 인간은 곡물과 동물, 어패류 등 다양한 것들을 먹는데, 이들 먹을 것의 에너지 기원은 모두 태양인 것입니다.

에너지로 볼 경우, 먹이사슬 피라미드(그림 3.9)를 지탱하고 있는 것은 식물입니다. 즉, 우리들이 지구상에서 먹을 수 있는 에너지의 양은 식물의 양에 의해 그 한계량이 결정되는 것입니다. 식물을 키우는 에너지의 기원은 지구에 도달하는 태양빛의 에너지양입니다. 지구에 도달하는 태양에너지는 한정되어 있어 지구에서 자라는 식물의 양도 지구의 크기로 받아들이는 에너지의 양으로 제한되어 있습니다. 또 광합성의 효율은 높아도 몇 퍼센트밖에 되지 않아 태양에너지의 극히 일부만을 사용할 수밖에 없습니다. 결국 우리들이 먹을 것에 사용하는 태양에너지에는 한계가 있게 됩니다. 그렇다면, 지구에서 먹고 살 수 있는 인구에 한계가 있다는 것을 깨달아야 할 것입니다. 이스터(Easter)섬에서는 섬에서 먹고 살 수 있는 인구를 초과했기 때문에 전쟁이 일어나 촌락의 상징인 모아이가 쓰러져 인구가 격감했다고 합니다. 지구상에는 현재에도 인구가 계속 증가하고 있습니다. 똑같은 과오를 반복하지 않기 위해서는 지구에서 먹고 살아갈 수 있는 인구를 고려한 세계의 이상적인 상태를 생각하지 않을 수 없습니다.

[그림 3.9] 에너지의 관점에 따른 먹이사슬 피라미드

태양으로부터 에너지를 지속적으로 이용하기 위하여 곡물을 사용해서 바이오 에탄올 등의 연료로 하는 방법이 있습니다. 그러나 먹을 것을 연료로 변환해버리면, 그만큼 지구에서 먹고 살아가는 인구는 감소해버리겠지요. 또 먹이사슬의 상위에 있는 육식동물 등에서는 그만큼 많은 곡물(또는 식물에서 유래하는 에너지)을 소비하게 됩니다. 일반적으로 한 단계 위의 계층이 되면, 그 에너지는 10% 이하가 된다고 합니다. 즉, 초식동물의 고기를 100㎉ 먹을 때에는 1,000㎉ 이상의 식물에너지를 소비하는 것입니다. 하지만 우리들은 먹이사슬의 정점에 있어도 육식만을 하는 것이 아니지요. 땅을 갈아 농업을 해서 광합성 에너지 효율이 좋은 벼 등의 곡물을 재배해서 먹고 있습니다(그림 3.9). 생산자인 식물에너지가 효율성 좋게 우리들에게 도달하는 것이지요. 우리들이 육식을 많이 하면, 그만큼 많은 식물에너지를 빼앗는 것이 되어 지구에서 살아갈 수 있는 인구는 감소하게 됩니다. 지금도 세계에서는 많은 사람들이 기아에 허덕이고 있습니다. 식량을 허투루 하지 않는 것은 물론, 육식에 치우친 식생활을 바로잡는 것, 세계 전체의 먹거리 안전(분배)을 생각하는 것도 중요하게 되었습니다.

「식료」와 「식량」

많은 문헌과 자료에서는 「식료」(食料)와 「식량」(食量)이라는 두 가지 표기를 엄밀하게 구분하지 않고 사용해 왔습니다. 명확하게 구분할 때에는 통상적으로 「식량」은 주로 곡물, 「식료」는 먹을 것 전부를 가리키고 있습니다. 「식량」은 주로 주식을 가리킨다고 설명하기도 합니다. 이 책에서도 그와 같은 구분을 따랐습니다. 칼로리와 에너지를 고려하여 먹거리 이야기를 할 때에는 「식량」, 널리 먹을 것 전반적인 것을 얘기할 때에는 「식료」를 사용하고 있습니다.

인간은 칼로리가 있는 것을 연소해서 활동합니다. 칼로리는 주로 쌀, 보리 등 곡물과 이것을 먹고 자라는 육류로부터 섭취합니다. 먹거리 가운데에는 곡물이 인간의 생존에 특히 중요합니다. 예컨대, 자급률을 얘기할 때에는 먹거리 전반의 자급률이 아니라 곡물의 자급률의 숫자를 내는 것도 그 이유입니다. 먹을 것을 「식량」이라고 표기할 때에는 주로 곡물을 염두에 두고 있습니다.

인간은 칼로리만으로 살아갈 수 있는 것은 아닙니다. 여러 가지 영양분을 섭취하지 않으면 안 되지요. 곡물만이 아니라 광범위하게 먹거리를 생각해야 합니다. 그와 같은 넓은 의미에서의 먹거리를 나타낼 때에는 「식료」라는 용어를 사용합니다.

大平 哲(오오히라 사토시)

▶ 지속적인 사회를 향하여

지구온난화는 화석연료를 연소하여 생긴 이산화탄소의 증가로 발생하고 있습니다. 하지만 단순히 화석연료의 연소를 멈추어 이산화탄소를 감소시키는 것만으로는 지구에너지의 문제는 해결되지 않습니다. 지구에너지의 문제를 해결하기 위하여 바이오 에탄올 등의 곡물(식물에서 유래) 에너지를 사용하는 경우 이번에는 식량문제를 해결할 수 없게 됩니다. 지구의 환경문제는 에너지라는 관점에서 보아도 서로 밀접하게 관련되어 있습니다.

한정된 지구 안에서 한정된 태양에너지를 사용하여 자급자족할 수 있는 방법을 모색해야만 합니다. 이것이야말로 지속적 사회를 향한 대처입니다. 하나의 문제에만 시야를 좁혀 편향된 견해나 사고방식을 가져서는 해결할 수 없습니다. 자연과학과 인문사회과학의 지식을 총동원하여 다양한 관점에서 종합적으로 최적의 답을 찾아야 할 필요가 있다고 생각합니다.

— 杉本憲彦(스기모토 노리히코)

대 담

3.5 가까운 문제부터 생각한다

— **로쿠샤(법학)** 기후변화와 온난화에 관하여는 우리들 주변에 있는 생활에서부터 지구규모의 이야기까지 다양한 관점과 사고방식이 필요하다는 것을 알았습니다. 그래서 다음의 세 가지 점에 대하여 주변 문제부터 순차적으로 논의해 보았으면 합니다. 첫째, 온난화를 감소시키기 위하여 우리들은 무엇을 할 수 있는가? 둘째, 기후변화의 영향은 일상생활에 어느 정도 나타나 있는가, 그것을 어떻게 생각하면 좋은가? 셋째, 지속적인 사회를 지향하기 위하여 무엇이 필요한가? 각각에 대하여 구체적인 예로서 에코카(eco－car), 집중호우, 재생가능 에너지 순으로 얘기해 볼까요?

▷ 에코카의 보급으로 본 대책사례

— **오오히라(경제학)** 에코카란 무엇인가요?

— **스기모토(물리학)** 에코카란 에코놀로지카(저공해차)의 약자로 소량의 연료로 달리는 차와 휘발유를 대신하는 연료로 달리는 차입니다. 온실효과가스를 내뿜지 않고 에너지절약효과를 발휘할 수 있는 것을 말하지요. 즉, 통상보다도 연비가 좋다면, 이산화탄소가 그다지 많이

나오지는 않을 것입니다.

— **고바야시(물리학)** 저공해차에는 연료전지자동차, 수소자동차, 전기자동차, 하이브리드차, 플러그인 하이브리드차, 천연가스자동차, 클린디젤차 등이 있는 것 같습니다.

— **오오히라** 온실효과가스의 논의를 통해 나온 것입니까?

— **스기모토** 온실효과가스를 포함한 대기오염물질의 배출을 억제할 목적(배출가스규제)에서 만들어진 것이겠지요. 지금은 온갖 종류의 차가 에코카 감세를 노리고 판매되고 있습니다.

— **고바야시** 배출가스규제에는 여러 가지 배출가스가 대상이 되고 있습니다.

— **아오키(법학)** 질소산화물(NOx) 등 배출가스를 포함하여 보조금의 대상이 되는 것인가요?

— **고바야시** 에코카는 배출가스 중 유해물질이 공적인 저감기준(예컨대, 2005년 배출가스 기준 75% 저감 수준)을 충족하고 있는지에 따라 저배출가스차라고 인정된 것이기 때문에 이산화탄소 이외에도 들어 있습니다.

— **스기모토** 에코카 감세와 자동차 클린세제(稅制)의 두 가지가 있는데, 취득세와 중량세에는 에코카 감세, 자동차세와 경차세에는 자동차 클린세제라고 하는 것이 있는 것 같습니다. 일산화탄소, 탄화수소, 질소산화물의 배출가스(버스 등에서는 입자상물질[PM]도 포함)의 양과 이산화탄소에 관련된 연비를 에코카 인정의 기준으로 하고 있어 기준을 충족시키면 양쪽의 감세를 받을 수 있게 됩니다.

— **고바야시** 2020년 연비기준 +20% 등, 연비에 대한 감세기준도 점차 높아지고 있습니다. 우리들은 의식하지 못하고 있지만, 자동차 제조사들은 기술을 개발하여 그 기준을 충족하기 위한 차를 열심히 연구하고 있을 것입니다.

— **오오히라** 차를 구입하는 사람들에게는 매우 이득이 되겠네요. 에코카가 처음 나올 당시에는 뚜렷하게 문제의식이 높은 사람들이 높은 금액으로 구입했을 것입니다. 지금은 어떤가요?

— **스기모토** 새 차는 대부분 기준을 충족하고 있어 싸겠네요. 에코카 이외에 신차는 대부분 없는 것은 아닌가요?

— **로쿠샤** 구입가격을 낮추는 클린에너지 자동차 등 구입촉진 대책비 보조금이라는 것이 전기자동차, 플러그인 하이드리드차, 연료전지자동차, 클린 디젤차에도 있어 행정주도로 도입이 촉진되고 있습니다.

— **가나야(생물학)** 살 때는 돈이 들지만, 연비가 매우 좋기 때문에 사용할 때 드는 비용이 싸지겠네요.

— **아오키** 다만 실제로는 통상의 휘발유차와 하이브리드차를 비교해 볼 때, 상당한 가격차가 있습니다. 연비가 좋아져 절약할 수 있는 기름값보다도 구입비용이 더 클지도 모릅니다. 매일 장기간 사용하는 택시라면 본전을 찾을 수 있을지 모르지만요...

— **오오히라** 그래도 그것을 그다지 신경 쓰지 않아도 좋을 만큼 취득비용이 싸졌지요.

— **아키야마(생물학)** 에코카가 실제로 보급되어 왔고 배출가스규제도 있고 해서 자동차에서 배출되는 이산화탄소와 유해물질이 감소하고 있습니다.

— **가나야** 공기가 좋아지고 있다고 생각합니다.

— **아오키** 도쿄도 무사시노(武藏野)시에 있는 세이케이(成蹊)라는 고등학교에 학교 옥상에서 후지산이 보이는 날수를 30년 이상 관측해 온 선생님이 계시는데, 최근에는 보이는 날수가 늘어나고 있다고 TV에서 말하는 것을 들었습니다. 습도의 변화 등에도 영향을 받겠지만 이러한 실례를 보면 공기가 깨끗해지고 있다는 것을 잘 알 수 있습니다.

— **아키야마** 규제 전후의 데이터를 비교하면 더 명확해지겠네요.

— **가나야** 1955년경부터는 공장에서 연기가 뭉게뭉게 나왔었지요. 이는 산업이 융성하다는 상징이었습니다.

— **아키야마** 일본에서는 공장에서 배출된 대기오염물질도 줄어들고 있나요?

— **가나야** 큰 공장에서 나오는 연기는 처리한 후에 배출하도록 되어 있기 때문에 이산화유황은 거의 배출되고 있지 않습니다.

— **아키야마** 공장에서 나오는 배기는 유황이나 질소 같은 것들이 처리장치를 통해 배출되고 있습니다.

— **가나야** 환경기준을 잘 지키고 있습니다.

— **고바야시** 일본의 대기는 공장과 자동차에서 나오는 배출가스기준이 높기 때문에 상당히 깨끗해졌습니다. 자동차의 경우에는 연비에 대하여 탑 러너 기준(top runner: 현재 팔리고 있는 자동차 가운데 가장 연비가 좋은 차를 기준으로 해서 기술개발의 장래전망을 기초로 한 기준이 되는 차)을 도입하여 예상보다도 빨리 연비개선을 달성하고 있습니다. 보조금의 도입을 포함하여 행정의 역할도 컸었죠?

— **로쿠샤** 탑 러너 기준은 에너지 사용의 합리화 등에 관한 법률(에너지 절약법)에 규정되어 있습니다. 2000년에 제정된, 국가에 의한 환경물품 등의 조달추진 등에 관한 법률, 이른바 클린구입법과 친환경제품을 나타내는 에코마크 등 환경라벨을 도입한 것도 효과가 있었다고 생각합니다.

— **스기모토** 행정적으로 친환경차를 구입하는 인센티브를 높인 결과, 배출가스가 적게 되어 연비가 좋은 차가 잘 보급되어 왔다고 할 수 있겠지요.

— **아키야마** 대기오염은 개선되어 왔다고 실감할 수 있는데, 대기 중에 유황산화물과 질소산화물은 산성비의 원인이 되고 있습니다. 현재

도시에서 조사하면 비가 오면 바로 산성비가 되므로 자동차나 중기에서 나오는 배출가스는 아직 개선의 여지가 있을 것입니다. 또 배출된 이산화탄소를 감소시키는 데에는 대중교통을 이용해서 자동차 사용을 삼가는 등 의식전환이 필요할 것입니다.

▷ 집중호우는 기후변화와 관계가 있을까?

—**로쿠샤** 그러면 기후변화와 관련된 가까운 문제로서 최근 발생하고 있는 집중호우에 관하여 생각해 볼까요?

—**아오키** 게릴라성 호우는 기후변화가 원인일까요?

—**스기모토** 「게릴라성 호우」는 정식 기상용어는 아닙니다만, 집중호우와 같은 의미로 자주 사용하고 있습니다. 특히 매스컴에서는 최근 증가하고 있는 국지성 호우(게릴라성 호우)를 기후변화와 연결하는 경향이 있는데, 그렇다고는 딱 잘라서 말하기는 좀 어렵습니다. 우선 「기후변화」라고 하는 말이 문제인데, 오늘날 사용할 때에는 인간이 초래한 기후의 변화를 가리키고 있습니다. 이를 인식하여 기후변화기본협약이 체결된 것입니다. 또 기후변화의 주된 원인으로서 지구온난화가 있다는 것을 생각해야 합니다. 하지만 이상기후의 경우에는 원래 자연이 지니고 있는 내부변동에 의한 강우량의 많고 적음과 외부적인 인위적 기원에 의한 기후변화가 서로 겹치고 있습니다. 이상기후가 발생했다고 하여 그것 모두가 기후변화, 즉 온난화 탓이라고 말할 수는 없습니다. 좀 애매모호한 얘기인지 모르겠습니다만 이는 좀 어려운 문제입니다. 어느 정도 온난화의 영향이 나타나는가를 판단하기 위해서는 많은 현상을 통계적으로 조사해 봐야 합니다. 온난화에 의해 수증기의 양이 증가했기 때문에 폭우가 내리기 쉽다는 것

은 이해할 수 있지만 매번 내리는 집중호우만을 보고 그것이 온난화 때문이라고는 단언할 수는 없습니다.

— **아오키** 예를 들자면, 태풍이 자주 발생한다든가, 태풍이 거의 발생하지 않은 시기에 발생한다든가, 엘니뇨현상이 오래 지속된다든가, 일본만이 아니라 훨씬 넓은 범위에서 파악하는 것이 좋지 않을까요?

— **스기모토** 그렇습니다. 지구온난화와 같은 기후변화는 지구 전체에서 발생하고 있으므로 개별적인 집중호우와 같은 현상은 그러한 변화를 가중한다는 느낌입니다. 한편, 엘니뇨나 라니뇨는 해수온도의 변화로서 원래 지구가 가지고 있던 내부의 변화입니다. 이상기후의 주된 원인이 되지만 기후변화와는 별개의 것입니다. 그 해의 태풍이 강해지는 것은 지구온난화로 수증기양이 증가했기 때문만이 아니라, 내부변동인 해수온도(엘니뇨와 라니뇨)의 영향이 큽니다. 일상의 감각으로 이상기후가 많아졌다고 말하고 싶은 기분은 이해할 수 있습니다. 그러나 온난화라고 하는 것은 장기간에 걸친 것입니다. 21세기가 시작된 이래 기록적으로 따뜻했던 해가 매년 계속되고 있는데, 이는 바로 온난화로 인해 지구 전체의 1년 평균기온이 상승했기 때문이라고 할 수 있습니다.

— **아오키** 장기간의 시간축을 보고 그러한 것이라고 말할 수 있다는 것을 최근에야 알게 된 것이지요.

— **오오히라** 그러한 것이라니요?

— **스기모토** 백 년 동안 지구의 평균기온을 조사해보면 서서히 오르고 있다는 것을 알 수 있습니다. 지구 전체의 1년 평균기온으로 지금까지 가장 더웠던 해가 매년 갱신되고 있습니다. 온난화되고 있기 때문에 발생하는 것이지요.

— **오오히라** 지금 얘기하는 온난화란 무엇입니까?

— **스기모토** 지구의 평균기온이 올라가고 있다는 것이지요.

— 오오히라 그렇다면, 설명하고 싶은 것을 설명하고 싶은 것의 정의로서 설명하는 것이 아닐까요? 온난화가 원인이 되어 기후변화가 발생하고 있다는 것에는 기후변화나 온난화 모두 기온이 상승하고 있다는 것을 말하는 것입니다.

— 스기모토 기후변화의 정의는 기후가 변화하는 것입니다. 일상적인 매일의 춥고 덥고 하는 것은 지구의 평균기온과는 동떨어진 현상입니다. 그것을 기후변화라고 할 수는 없지요. 지구 전체의 평균기온이 상승하면 온난화입니다. 일상감각으로서 오늘 덥기 때문에 온난화 탓이라고 한다면 그것은 틀린 말이겠지요.

— 오오히라 그렇군요. 요컨대, 장기적으로 100년 정도의 기간에서 평균기온이 올라가고 있는 것을 온난화라고 불러야 하겠지요.

— 스기모토 그렇습니다. 이는 나날의 춥고 더움과는 다른 것입니다. 별개라고 해도 옛날보다도 더운 날이 많다고 느끼는 것은 감각적으로는 온난화와 연결되어 있다고 생각합니다.

— 오오히라 기후변화의 원인에는 몇 가지를 생각해 볼 수 있는데, 그 주된 원인의 하나로 온난화가 있다고 이해해도 될까요?

— 스기모토 기후변화라고 하는 경우, 최근 발생하고 있는 것은 지구온난화입니다.

— 오오히라 기후변화와 온난화는 완전히 같은 의미일까요?

— 스기모토 그렇습니다. 현재의 기후변화와 온난화는 완전히 똑같은 것이라고 생각해도 좋습니다. 다만, 과거의 기후변화 원인에는 몇 가지가 있습니다. 기본적으로는 태양과 지구의 위치관계에 의한 일사량의 변화로 빙하기와 간빙기의 사이클이 생깁니다. 또 대륙분포와 해류의 변화, 화산의 분화와 운석의 낙하로도 기후변화가 생긴 적이 있습니다. 한랭화도 기후변화 속에 포함됩니다. 지금의 기후변화라는 문맥에서는 인위적으로 발생하는 온실효과가스로 지구의 평균기온이

상승하고 있는 지구온난화의 문제를 가리킵니다. 거기에서 생겨나는 태풍이나 집중호우는 모두 기후변화=온난화의 영향을 받고 있습니다.

— **오오히라** 기후변화의 원인은 온난화뿐이므로 기후변화=온난화라고 말해도 상관없다는 것이네요.

— **스기모토** 현재의 기후변화에서는 그렇게 됩니다.

— **오오히라** 지금 문제가 되는 것은 인간의 경제활동의 결과, 지구가 온난화되어 기후변화가 생기고 있다고 하는 것입니다.

— **아오키** 폭설도 온난화가 원인일까요?

— **스기모토** 그것은 자연의 내부변화가 주된 원인입니다. 온난화가 발생하지 않아도 원래 눈이 많은 해와 적은 해가 있습니다. 지구 전체의 평균기온이 올라도 추운 날과 눈이 많이 내리는 날이 매년 있지요.

— **오오히라** 이상기후는 아니라는 것이지요?

— **스기모토** 이상기후는 30년에 한번 발생하는 것이라는 정의가 있습니다. 그 해와 그날의 대설이 30년에 한번인지 아닌지에 따르는 것이지요. 게다가 단순히 온난화로 눈이 줄어서 그런 것이 아니라 수증기가 증가하여 눈이 증가하는 경우도 있습니다.

— **오오히라** 오히려 눈이 내리지 않게 된 것을 온난화와 관련지어 논의해 보아야 하겠네요.

— **스기모토** 중요한 것은 이상기후=온난화라고는 간단하게 말할 수 없긴 하지만 지구의 평균적인 기후가 변하는 것에서 이상기후의 출현빈도에 변화경향을 볼 수 있는 경우가 있다고 하는 것입니다. IPCC의 보고서(AR5, 2011)에서는 「극단적으로 더운 날, 폭우, 극단적인 높은 파도 등이 증가하고, 극단적으로 추운 날은 감소할 가능성이 높다(66% 이상)」고 기술되어 있습니다. 모든 사람들의 일상감각과 일치하는 것이 아닐까요?

—**로쿠샤** 온난화가 초래하는 현상은 여러 가지에 걸쳐 있어 개개의 이상기후가 즉시 온난화와 연결되어 있는 것은 아닙니다.

—**스기모토** 장래의 어느 시점에서 이러한 이상기후가 온난화 때문이라는 것이 알려질지도 모르겠습니다만 지금의 과학, 현시점에서는 불가능합니다. 눈앞에 나타나는 공해와는 달리 천천히 발생한다는 것, 먼 장래에 발생할지도 모르는 것을 실감한다는 것은 어려운 일이지요.

▷ 기후변화의 무엇이 문제인가?

—**스기모토** 게릴라성 호우에는 여러 가지 원인이 있습니다. 도시형 집중호우의 경우, 열섬(heat island)으로 적란운이 급격하게 강해져 국지적으로 강한 비를 내립니다. 온난화로 수증기가 많아지면, 강한 비가 증가하여 집중호우가 증가한다고 말할 수 있는데, 그것만이 아니라 도시의 구조와 해수온도 등 다양한 원인과 관련되어 있습니다. 예를 들자면, 도시는 콘크리트로 덮여 있기 때문에 햇빛이 강한 낮에 도심부에서 기온이 높아지기 쉽습니다. 이것이 여름 낮의 열섬인데 이는 지구온난화와는 관계가 없는 현상입니다. 도심부에서 따뜻해져 상승한 공기는 발달한 적란운을 만들기 쉽고, 내린 비는 도심부에서는 땅속으로 침투되기 어려우므로 침수의 원인이 되기도 합니다. 이것이 도시형 집중호우의 한 원인입니다. 게다가 열섬은 여름날 열대야의 증가와 겨울철 추운 날이 감소하는 데에도 영향을 미쳐 일상의 감각에서 덥게 느껴지는 것은 이러한 것들의 영향이 크다고 생각합니다.

—**오오히라** 인간이 손해를 입고 있다는 것은 확실한데, 그것이 문제가 되는 것일까요?

— **스기모토** 이상기후만이 아니지요. 가까운 문제로서는 비 같은 것이 됩니다만 지구규모에서는 물 부족이라든가 사막화의 진행, 해수면 상승과도 연결되어 있습니다. 이 모두가 문제가 아닐까요?

— **오오히라** 생태계가 붕괴되고 있다는 것입니다. 제2장에서는 인간과 대립하는 자연이라는 것을 상정해 두고, 인간의 활동으로 자연이 파괴되어서는 안 된다고 하는 얘기가 있었지 않습니까? 지금 얘기는 인간이 무엇인가를 해서 자신을 곤란하게 한다는 얘기네요. 인간에게 곤란해진다고 하는 얘기가 되겠지요. 자연을 지킨다는 것, 그 자체가 중요하다는 논의와는 좀 다른 것 같네요.

— **아키야마** 기후변화에 의해 농작물에 영향을 주어 식량부족 현상이 생기거나 사막화에 의해 심각한 물 부족이 생긴다는 것을 예상할 수 있습니다. 게다가 생물다양성의 문제에도 큰 영향을 줍니다. 기후변화는 먼저 야생생물, 특히 생육환경 의존성이 강한 생물, 예컨대 고산식물이나 산호초 등이 실제로 영향을 받습니다. 마을동산에 있던 식물이 높은 산 위까지 올라가 경쟁에서 탈락한 고산식물이 감소하게 되고, 이시가키섬(石垣島)[2] 근처의 산호는 최근 온난화로 약 90%가 백화(白化)[3] 되었다고 합니다. 북극권에서는 얼음이 녹아가고 있기 때문에 북극곰이 서식지에서 먹이를 잘 잡을 수 없게 되었고, 아프리카 코끼리는 사막화 때문에 삼림이 감소되어 거처가 줄어들고 있습니다. 많은 생물학회에서는 온난화에 의한 생물동태의 변화를 파악하기 위해 광범위하게 많은 생물종을 조사하기 시작했습니다.

— **오오히라** 인간에게 어려움을 준다는 얘기가 아니라 결국 인간이 포함되지 않은 자연을 지킨다고 하는 얘기가 되는 것입니다. 야생생물을 포함하여 생태계에 영향을 주는 것이 문제라는 것이지요.

---

2) 일본 오키나와 제도에 있는 섬.
3) 백화란 해수온도가 상승하여 산호가 하얗게 죽어가는 현상을 말한다.

—**스기모토** 나아가 인간에게도 불이익이 있다고 하는 추세겠지요.

—**오오히라** 인간의 경제활동이 원인이 되어 무언가가 일어나고 있다는 것으로 자연계에 피해를 준다고 하는 것을 문제점으로 보는 관점과, 그것이 인간에게 되돌아와 인간이 어려움을 겪게 되는 것을 문제로 삼는 관점, 두 가지로 나누어 논의하는 것이 좋다는 생각이 듭니다.

—**아오키** 생물학에서는 인간의 경제활동에 의해 자연계가 변하는 것을 문제로 삼나요? 지금 두 개의 관점은 그 어느 쪽에 비중을 두는가 하는 것이어서, 반드시 한쪽만이 문제가 된다고 하는 택일적인 것은 아니라고 생각합니다. 온난화에 대하여 보면, 「인간은 자연과는 다른 존재」라고 말할 수는 없습니다. 인간의 경제활동이 인간에게 돌고 돌아오는 것도 문제로 삼아야 할 것입니다.

—**아키야마** 지구에 살고 있는 생물 가운데 기후에까지 영향을 미치는 생물은 인간밖에 없습니다. 이 점을 강하게 의식하여 생태계 전체에게 책임을 느껴야 한다고 생각합니다.

다만, 인간의 행위가 얼마만큼 온난화와 연결되어 있는가에 대하여는 많은 논의가 있습니다. 지구 자체의 변동이 비교가 되지 않을 정도로 크다는 견해도 있고, 자연의 생태계는 그 정도로 약하지는 않다고 하는 견해도 있습니다. 그러나 전술한 바와 같이, 온난화에 의해 실제로 야생생물이 영향을 받는다는 것을 생각하면, 이제는 인간의 영향을 될 수 있는 한 줄여야 한다고 생각합니다.

—**로쿠샤** 온난화에 따른 개개의 이해득실은 각각의 입장에서 보면 다릅니다. 미국에서는 화석연료업계가 자금을 제공하여 지구온난화를 의심하는 회의론을 파급시키고 있기도 합니다.

—**스기모토** 회의론 얘기를 시작하면 늪에 빠지게 되므로 그다지 하고 싶지 않습니다. 지구온난화는 복잡한 지구시스템에서 발생하는 것이므로 그 장래예측이 불확실한 점이 많습니다. 또 일반인들에게 그 메

커니즘을 이해시키는 것도 어렵습니다. 그래서 불확실성을 과학적인 오류라고 인식해 버리는 사람과 다양한 회의론에 의심을 품는 사람들이 나오게 됩니다.

— **가나야** 매스컴에서 볼 때는 어느 쪽이 더 「흥미」로울까요? 역시 회의론 쪽이겠지요?

— **오오히라** 위기를 부추기는 쪽을 매스컴이 더 좋아하지 않을까요? 그러한 의미에서 선동적인 논의가 아니라 학회에서의 논의되는 입장을 알고 싶습니다.

— **스기모토** 기상학회에서는 인위적 기원의 온난화를 부인하는 사람은 거의 없는 것 같습니다. 그래서 감싸주기식 학회라고 비판받기도 하지만 기상학자라면 과학적으로 당연한 것을 말하는 것뿐이겠지요. 그것 이외에는 원인이 발견되지 (실증되지) 않음에도 불구하고, 왜 회의론이 아직까지 제기되고 있을까 이상할 정도입니다. 온난화의 주원인은 화석원료를 연소시켰기 때문에 생긴 이산화탄소라고 과학적으로는 합의되고 있습니다. 지금부터는 어떻게 대처하고, 어떻게 기온상승을 억제해야 하는가, 온도가 올라가는 상황에서 무엇이 발생하는가를 모두가 연구하고 있습니다.

— **오오히라** COP(기후변화기본협약 당사국총회)에서의 논의에서도 원인이 인간에게 있다는 것을 의심하지 않고 있으며, 구체적인 대책을 생각해 오고 있다고 합니다.

— **스기모토** 기업과 일반인들의 감각으로도 그렇지 않겠습니까? 온난화 회의론을 주장하는 사람들은 실은 기상학자가 아니라 인접 분야의 지구과학자와 물리학자들이 많습니다.

— **아오키** 회의론을 주장하는 사람들은 「자연적으로 원래 그렇게 되기 때문에 대책 따위는 필요 없다」고 하는 발상이 아닐까요?

— **아키야마** 온난화에 의해 일단 생태계가 파괴되면 원래대로 돌아가기

가 곤란해지고, 생물이 멸종된 다음에는 그것을 복원할 수가 없습니다. 「자연적으로 원래대로 돌아」갈 수가 없는 것이지요.

— **아오키** 모종의 정당성 편견일지도 모르겠네요. 어떻게 되겠지라고 생각하기 때문에 괜찮다고 생각해 버리는 것입니다.

— **스기모토** 우리들이 살아 있는 동안에는 어떻게든 된다고 해도, 돌이킬 수 없는 미래가 남을 뿐입니다.

— **로쿠샤** 세계 전체가 지금 대책을 세우지 않으면 안 됩니다.

▷ 재생가능 에너지의 가능성

— **아오키** 그러면 회의론은 더 이상 언급하지 않기로 합시다. 온난화가 실제로 진행되고 있고, 그것은 인간의 경제활동 결과로서, 그에 대한 대책을 수립하기 위해서는 실제로 무엇을 해야 할까요? 그밖에는 어떤 대책을 세울 수 있을 가능성이 있고, 그것들이 어느 정도 유효할까요? 이에 대하여 자연과학의 분야에서는 어떤 논의가 있을까요? 이산화탄소의 감축에 대하여 탄소세나 배출권거래 또는 재생가능 에너지라고 하는 정도밖에는 들어보지 못했으므로 상세하게 알고 싶습니다.

— **스기모토** 기본적으로 파리협정 등에서는 절대적인 전제조건으로서 「산업혁명 이전을 기준으로 2℃ 이내로 기온상승을 억제할 것」을 규정해 두었습니다. 각국의 기상모델에 따른 예측에서는 지금 상태로는 21세기 말에는 2℃ 이상의 온난화가 확실시되고 있습니다. 이미 배출된 온실효과가스와 지금까지의 온도상승으로 볼 때, 이후에 얼마만큼 배출될 것인가를 알 수 있으므로 세계 전체의 배출량도 결정할 수 있습니다. 하지만 현재 각국이 감축목표를 노력목표로서 만

들어 합의하고 벌칙이 없는 조건에서 추진하고 있습니다. 그다지 진행되고 있지는 않지만, 교토의정서에 비하면 상당히 진척되었다고 할 수 있겠지요.

—**아오키** 온실효과가스를 감축하는 방법도 여러 가지가 있겠지요?

—**로쿠샤** IPCC에서는 완화책으로서 논의하고 있습니다.

—**스기모토** 2℃ 이내로 온도상승을 억제하기 위해 이산화탄소의 발생을 억제하는 것이 완화책입니다. 에너지 소비를 바꾸지 않고 이산화탄소를 감축하는 대책으로서 말단처리(나온 장소에서 처리하는 것)와 클리너 프로덕션(이산화탄소 발생량이 적은 에너지로 옮기는 것)이 있습니다. 또 에너지 소비를 억제하여 이산화탄소의 배출을 감축하기 위한 대책으로서 에너지 절감정책 등 기술적 방법, 전력제한 등 규제적 방법, 탄소세 등 경제적 방법, 이들을 조합해 놓은 배출권거래 등이 있습니다. 한편, 지금 계속 표면화 되고 있는 온난화의 영향에 어떻게 대처하는가가 적응책입니다.

—**아오키** 어떤 대책이 가장 좋다고 생각하십니까?

—**스기모토** 하나의 대책으로 가는 것은 어렵다고 생각합니다. 개인적인 감각으로 말하자면, 대책을 세우지 않고 피해를 입은 후에 거기에 드는 돈을 생각하면, 빨리 사회구조 전체를 바꿔버리는 쪽이 전체적으로 보다 돈이 덜 든다고 생각합니다. 적응하는 데에는 시간도, 돈도 많이 듭니다. 멀지 않은 장래에 100% 재생가능한 에너지를 사용하여 이산화탄소를 배출하지 않도록 세계 전체를 바꿀 필요가 있습니다. 석유가 언젠가는 없어진다는 것을 알기 때문에 온난화 이외의 관점에서도 화석연료에 대한 의존을 그만두고 지속가능한 사회로 가지 않으면 안 됩니다. 온난화를 멈추지 않아도 어차피 석유에 의존하는 경제는 돌아가지 않게 되기 때문에 지금 해야 합니다. IPCC(AR5)에서도 이후 수십 년 사이에 대폭적인 배출감축이 중요하고, 늦은 만큼 적

응·완화비용이 오른다고 강하게 주장하고 있습니다.

— **오오히라** 각국이 진심으로 온실효과가스를 줄이기 위한 대책을 실천하기 위해서는 어떤 일들을 해야 할까요?

— **로쿠샤** 오존층에 구멍이 났을 때는 세계가 합의하여 프레온가스 사용을 완전히 폐기했었지요.

— **스기모토** 하지만 프레온가스와 달리, 화석연료에 기원을 둔 에너지는 전 세계가 사용하고 있어 고통이 수반되는 시책이 지지되기 어렵습니다. 우선은 세계가 합의하고 이산화탄소의 배출에 공통비용을 메길 수밖에 없겠지요.

— **오오히라** 확실히 구조를 정교하게 하는 것보다 세계가 합의하는 것이 더 중요합니다. 예외를 주장하는 나라가 있으면, 특히 그 나라가 강대국이라면, 온실효과가스의 감축은 잘 되지 않을 것입니다. 교토의정서가 잘 이행되지 않았던 것도 미국과 중국이 참가하지 않았기 때문입니다. 파리협정에는 이 두 나라도 참가하고 있습니다(그러나 미국은 2017년 6월 탈퇴를 표명함). 제도를 잘 연구해도 중요한 회원국들이 참가하지 않거나, 참가회원의 누군가가 탈퇴하는 인센티브를 안고 있다면 잘 되지 않습니다. 세계의 나라들이 모두 참여할 수 있는 구조는 갖추고 있나요? 현실적으로 생각해 볼 수 있는 제도로서는 탄소세라든가 배출권거래라고 하는 방법 정도밖에는 없는 것 같다는 생각이 드네요.

— **고바야시** 감축목표를 어딘가에 설정해도, 하고자 하는 생각이 들지 않으면 안 되겠지요. 기술적으로 실현할 수 있도록 노력하는 것도 맞춰둘 필요가 있습니다.

— **오오히라** 할 수 있는지 없는지에 관한 기술적인 논의를 처음에 해 두지 않으면, 세계적인 체제에 어떻게 참가할지도 정해지지 않을 것입니다.

—**고바야시** 원자력이 해결책의 하나라고 인식되던 시절에는 일본도 손을 들어 크게 환영하겠지만 그러한 분위기는 가라앉고 있습니다.

—**오오히라** 실행가능성을 생각하지 않고 과장할 것이 아니라 깔끔하게 할 수 있는 공정을 마친 뒤에 논의하는 것이 물리를 공부한 사람의 감각이라는 말씀이시죠?

—**고바야시** 에너지를 바꾼다고 해도 에너지원의 잠재능력과 특성도 있고 해서 변환효율에도 한계가 있습니다. 가급적 에너지를 사용하지 않도록 한다면, 이산화탄소의 배출량을 줄일 수 있습니다. 하지만 그것만이라면 경제가 발전하지 않게 됩니다. 지속가능한 발전, 지속가능한 사회를 목표로 해야 합니다. 일본에서는 파리협정에서 정한 2℃ 목표달성을 위하여 혁신적인 기술을 연구개발하고 있습니다. 에코카로 이것을 실현시킨 것처럼, 교통 이외의 분야에서도 새로운 기술개발을 반드시 필요합니다. 기술적으로 '이렇게 하면 좋아요'라고 하면, '그럼 그렇게 해 봅시다'라는 반응이 생기는 것이지요.

—**오오히라** 기술개발에 의하여 값싸게 온실효과가스를 배출하지 않도록 하는 사회를 만든다면, 모두 기뻐하면서 감축하는 데 협력하게 될 것입니다. 세계적인 체계를 생각하는 것보다도 온실효과가스를 값싸게 감축시킬 수 있는 기술을 생각하는 것이 빠른 길이지요.

—**고바야시** 그런 이상적인 기술은 곧바로 나오지는 않을 테지만, 이산화탄소를 회수·저장하는 말단처리기술에서는 CCS(Carbon dioxide Capture and Storage)라고 하는 탄소를 고정화시키는 기술이 있습니다. 화석연료를 태워서 나오는 이산화탄소를 수증기와 질소로 분리하여 회수하고, 누출되지 않도록 땅속에 묻는 것이지요. 그러한 기술의 연구가 지금 점차 진행되고 있습니다. 당분간은 화석연료에 의존하지 않으면 곤란하지요.

—**스기모토** 원전이 가동되지 않게 되겠지요.

— 고바야시 2000년대에는 원전이 발전 중에 이산화탄소를 배출하지 않아 온난화대책이 되었고, 또 원유가격의 급등도 있어서, 「원자력 르네상스」라는 말까지 생겨났습니다. 핀란드, 미국, 프랑스, 영국 등에서 원자력발전에 관해 재검토하고 있습니다.

— 로쿠샤 일본에서는 2010년 10월에 지구온난화대책기본법이 내각에서 결의되었습니다. 법안에는 온실효과가스의 배출량이 적은 에너지원으로의 전환으로서 재생가능한 에너지에 덧붙여 원자력발전에 대하여도 규정되어 있었습니다. 하지만 2011년 3월 동일본대지진이 발생하여 후쿠시마 원전사고가 발생했지요. 그 후 에너지 전략을 수정할 필요가 있어 이 법안은 폐기되었습니다. 원자력에 의존한다고 해도 전력원에서 차지하는 비율을 낮추는 방향으로 나아가고 있습니다.

— 오오히라 원전의 안전성에 관한 기술개발은 없습니까? 거기까지 된다면 안전하다고 말할 수 있을 것 같습니다만...

— 아오키 어느 정도 안전하게 된다고 해도 일본에서는 이제 원전을 활용한다고 하는 선택지가 어려울 것 같네요.

— 오오히라 원전을 사용하지 않고서 그 대신 에너지를 값싸게, 게다가 온실효과가스를 배출하지 않고 가능할까요?

— 아키야마 화석연료와 원자력의 대체에너지로서 재생가능 에너지의 연구는 진행되고 있다고 생각하는데, 효율적으로 대체하는 것은 아직이라고 생각합니다. 대체에너지가 필수라는 점을 인식해서 개발과 그 효율화에 충분히 연구비를 들였으면 합니다.

— 스기모토 풍력은 어떻습니까?

— 아키야마 지열도 있지요.

— 오오히라 여러 가지가 있지만 양적으로 원전을 대체할 수 있는 것은 없을까요?

— 고바야시 세계규모로 보면, 가능성이 있는 것은 태양열과 풍력입니

다. 원전 1기, 대형 화력발전소 하나의 발전설비용량(발전설비의 단위 시간당 최대발전량)이 대략 100만kW=1,000MW=1GW(k:킬로=1,000, M:메카=100만, G:기가=10억, W=와트=1초당 에너지양) 정도입니다. 세계의 총 발전설비용량은 WWEA(World Wind Energy Association)에 의하면, 2006년 풍력은 456GW, REN21(Renewable Energy Policy Network for the 21st Century)에 의하면 2015년 태양광은 227GW입니다. 태양광은 「메가 솔라」라는 말이 있는 것처럼, 태양광 패널을 모아 수 MW의 대규모발전을 하고 있습니다. 이에 비해 풍력은 1기로 수 MW의 발전설비용량이 있습니다. 이들 발전설비용량에 설비이용률(일본에서는 태양광 12%, 풍력 25%)을 곱하면, 실제로 얻을 수 있는 발전량이 됩니다. 원전 하나를 대체하는 데에는 상당수의 패널과 풍차가 필요하게 됩니다.

그럼에도 태양광이나 풍력은 매년 점차 도입량이 증가하고 있습니다. 하지만 양쪽 모두 대규모의 발전을 위해서는 넓은 국토가 필요합니다. 중국이나 미국처럼 사용하지 않는 땅이 많거나, 사막이 많은 곳에서 가능성이 있는 것이지요. 태양광이나 풍력 등 재생가능 에너지만으로 전력을 공급하는 사막 속의 데이터센터도 있습니다. 거기에는 핸드폰이나 컴퓨터의 그라운드 데이터를 보존할 수 있는 하드디스크가 있어 24시간 정보를 주고받을 수 있습니다. 유럽도 편서풍이 안정되게 불고 있으므로 풍력을 지향하고 있습니다. 지중해 지역은 쾌청한 날이 많으므로 태양광에도 적합하지요. 일본의 경우에는 넓은 토지가 없으므로 대규모적인 도입이 어렵습니다.

— **로쿠샤** 해상풍력을 어떻습니까?

— **아오키** 해상에 풍차를 설치한다고 해도 해저에 고정하는 방법과 바다 위에 떠 있는 구조물에 설치하는 방법이 있습니다. 육지에 가까우면, 항만의 점유권과 어업권과의 조정문제가 생깁니다. 연안에 설치

하는 경우에도 마찬가지입니다. 선박의 운항에 지장을 줄지 어떨지도 문제가 될 수 있겠지요. 이해관계를 가진 사람들이 많으면, 그만큼 이해조정·합의형성이 복잡해지므로 사업화하기 위한 장애물이 높아집니다.

지열발전도 어려운 문제가 있습니다. 지열발전이 유망한 장소는 화산이 있는 곳이겠지요. 그러한 곳은 대개 자연공원법이 적용됩니다. 자연공원법은 자연환경의 보전이라는 관점에서 자연공원을 몇 단계의 차원에서 구별하여 규제하고 있는데, 나무 한 그루, 돌 하나도 움직여서는 안 된다고 하는 현상유지의 필요성이 가장 높은 장소에서는 발전소의 건설은 고사하고, 열원(熱源)을 파헤치는 것도 허용되지 않습니다. 그 이외의 장소에서도 가능한 한 현재의 풍광을 유지해야 할 곳에서는 지표부분에 손대는 것, 즉 발전소 따위를 건설하는 것은 가능하지 않고 규제구역 내에 있는 열원에 대하여 그 지역의 외측에서 빗겨나 굴삭하는 경우가 있습니다. 그래서 지열발전의 열원은 마그마로부터 열을 받은 지하수이므로 온천과의 관계도 생각해야 합니다. 지열발전이 유망한 장소는 근처에 온천지가 있는 곳이 많습니다. 지열발전의 개발에 따라 온천이 말라버린 것은 아닌가라는 염려의 소리도 들을 수 있지요.

— **오오히라** 지금까지 두 개의 장에서는 주변 문제에서부터 얘기를 시작해 왔습니다. 기상을 얘기할 때에는 게릴라성 호우와 온난화와의 관계가 명확하지 않다고 하는 해설이 있었고, 지구규모라든가 각국의 결정과 같은 굵직한 이야기가 되어버렸습니다. 기후변화의 문제는 꼭 규모가 큰 문제로서 논의해야 할까요?

— **아오키** '이산화탄소를 감소합시다, 이를 위해 화석연료를 이제 그만 사용합시다'라고 하는 얘기는 개인적으로 해결해도 좋다고 생각합니다. 단독주택의 지붕에 태양광 패널을 설치하면, 가정에서 사용하는

모든 전력을 공급하기는 어려운 문제일 테지만 발전한 부분만큼이라도 전력사용을 줄일 수 있겠지요.

—**아키야마** 종종 공원에서 태양광 패널이 위에 붙어 있는 가로등을 볼 수 있습니다. 자체적으로 해결할 수 있고 전선도 연결되어 있지 않아 에너지 측면에서도 효율적이라고 생각합니다.

—**아오키** 자판기에 태양광 패널이 붙어 있는 곳도 있지요.

—**아키야마** 소규모 자판기이기 때문에 거기에서 사용한다면 충분히 잘 기능할 것입니다. 태양광 패널이 각 가정에 널리 설치되기 위해서는 설치비용과 유지관리, 여분의 전력을 매각하는 방법 등도 중요하겠지요?

—**오오히라** 사용한 후의 처리비용도 문제가 되지 않을까요?

—**가나야** 폐기비용이라든지요.

—**고바야시** 그런 것까지 생각해서 채산성이 있을지 없을지를 생각해야겠지요. 태양광의 경우, 풍력과는 근본적으로 다릅니다. 소리가 신경 쓰인다든가, 회전하는 날개가 신경 쓰인다든가, 풍력을 각 가정에서 유지하는 것은 상당히 어려운 면이 있습니다. 또 규모를 크게 하는 것으로 얻을 수 있는 이익, 즉 스케일 메리트도 다릅니다. 태양광은 패널을 많이 설치해도 전기전력은 '패널 한 개의 출력×매수'가 되겠지요. 단위면적당 출력은 설치된 면적에 상관없이 같게 되어 스케일 메리트가 나오지 않습니다. 한편, 풍력은 날개가 회전해서 만드는 원의 단위면적이 출력에 기여합니다. 태양광과 달리 그 면적을 날개로 꽉 채울 필요는 없습니다. 또 그 원의 반경에 상당하는 날개의 길이를 길게 하여 면적은 길이의 제곱으로 크게 할 수 있습니다. 날개의 길이를 길게 하면 스케일 메리트가 나옵니다. 풍력이 1기당 출력을 쉽게 크게 할 수 있는 것도 그때문입니다.

한편, 환경영향평가를 해도 지열과 풍력은 어느 정도 시간이 걸립니다. 태양광은 소리도 나지 않고, 좀 온도가 올라가도 메가 솔라와 같은 대규모발전을 하지 않으면 환경영향평가가 필요하지 않으므로 개인가옥의 작은 지붕에서 설치할 수 있고, 큰 공터에도 설치할 수 있는 장점이 있습니다.

— **로쿠샤** 환경에 대한 영향평가를 사전에 하는 환경영향평가(EIA: Environmental Impact Assessment)가 그것입니다. 환경영향평가에 관한 절차를 규정한 환경영향평가법은 1997년에 제정되었습니다. 거기에서는 환경영향평가가 필수적인 사업을 제1종 사업, 환경영향평가의 필요여부를 개별적으로 판정하는 사업을 제2종 사업이라고 규정하고 있습니다. 풍력과 지열에 관한 평가기준은 둘 다 제1종 사업은 1만kW 이상, 제2종 사업은 7,500kW 이상으로 규정해 두고 있습니다. 태양광에 관해서는, 현시점에서는 환경영향평가법에 규정되어 있지 않지만 요즈음 대규모 메가 솔라 사업에 관해서는 지자체에 따라 제정된 환경영향평가조례에 의해 평가기준을 정하는 경우가 있습니다. 지자체마다 기준을 조금씩 달리하고 있는데, 예를 들자면, 나가노현(長野縣)에서는 제1종 사업은 50ha 이상, 제2종 사업은 삼림구역 등의 부지면적 20ha 이상으로 하고 있습니다.

— **스기모토** 온난화를 억제하기 위해서 재생가능 에너지를 도입하려고 해도 주위환경에 영향을 주는 것은 곤란하기 때문이지요.

— **아키야마** 공공건물에는 반드시 태양광 패널을 설치해야만 하는 것이 아닌가라고 하는데, 상당히 보급되어 있습니다. 여기저기의 관공서에서 태양광 패널을 설치하고 있는 것을 자주 볼 수 있습니다.

— **오오히라** 효율성은 어떻습니까? 휴대전화 충전용으로 가방에 붙어 있는 태양광 패널이 있는데, 그 정도로 보급되어 있지는 않습니다. 효율성이라든가, 채산성이 나쁜 것은 아닌가라고 생각합니다.

— **고바야시** 풍력발전으로 바람의 에너지를 전기로 변환하는 효율이

30~40% 정도임에 반해, 태양에너지를 전기로 변환하는 효율은 지금 시판되고 있는 것으로 15~20% 정도입니다. 가정에서 사용할 수 있는 전압으로 사용하기 위해서는 더 변환해야 하므로 좀 더 효율이 떨어집니다. 전력을 절약하여 운영할 수 있는 것에는 좋지만 큰 전력이 필요하게 되면 면적이 더 필요하게 됩니다.

— **스기모토** 태양에너지는 넓은 면적에서는 효율이 떨어지기 때문이지요.

— **아키야마** 맑은 날만 있는 것도 아니고...

— **아오키** 밤에는 발전할 수도 없고요.

— **오오히라** 그래도 자동판매기에서는 충분히 할 수 있겠지요.

— **아키야마** 이미 만들어진 것을 바꿔가는 것도 하나의 방법입니다.

— **로쿠샤** 그밖에 어떤 것을 후보로 생각할 수 있을까요?

— **스기모토** 일본처럼 비가 많이 오는 곳에서는 소규모 수력발전이 좋지 않을까요? 규모는 작아도, 전체적으로는 확실하게 재생가능 에너지를 늘릴 수 있겠지요.

— **고바야시** 우선 가능한 것부터 미시적으로 해서 끌어 모으는 것이 하나의 방향이겠지요. 해상풍력이라든가, 휴경지에서의 태양광 패널 설치라든가, 넓은 토지를 이용하는 것이 또 하나의 방향일 것입니다.

— **아키야마** 일본은 국토가 좁기 때문에 민가에 가까운 곳에 태양광 패널을 설치하면 인근에서 반사광 때문에 눈이 부시게 되는 문제가 생길 수 있습니다.

— **아오키** 태양광발전에 관한 소송사례에는 반사광이 눈부시다고 하는 것이 있었습니나. 산속 경사면에 대규모로 설치하면 큰비가 내려 패널이 떠내려갈 위험도 있었습니다. 태양광 패널을 설치할 기초를 튼튼하게 만들지 않는 것도 있겠지요. 재생가능한 에너지 도입을 위한 환경영향평가는 상당히 오랜 시간이 걸렸지만 최근에는 이를 단축할 수 있도록 하고 있습니다.

—**고바야시** 단축된다면 얼마 정도 걸릴까요?

—**로쿠샤** 풍력발전과 지열발전은 원래 3년에서 4년 정도 걸립니다만 절반 정도의 기간에 끝낼 수 있도록 하고 있습니다.

—**고바야시** 풍력의 환경영향평가의 경우, 경관이 손상되지는 않는가, 소음은 어떤가 하는 것들을 조사하고 있습니다.

—**로쿠샤** 풍차의 날개가 공기를 가를 때 발생하는 저주파음이 바로 그것입니다. 장소에 따라서는 생태계에 대한 영향도 평가의 대상이 될 수 있지요.

—**아키야마** 풍력발전은 새에게는 거대한 회전톱과 같은 것이므로 장소에 따라서는 철새를 보호하는 사람들이 적극 반대하고 있습니다.

—**고바야시** 그래도 2년 정도로 될 수 있게 되었습니다.

—**로쿠샤** 그렇습니다.

—**고바야시** 유럽, 미국, 중국에서는 상당히 도입이 진척되고 있는데, 일본에서는 그다지 보급되어 있지 않습니다.

—**오오히라** 여러 가지 정보가 나와 있기는 하지만 말입니다...

—**아키야마** 현재 생각할 수 있는 재생가능 에너지원은 나올만한 건 다 나온 것 같습니다만 각각 장점과 단점이 있고, 효율적인 면에서도 아직 충분하지 않기 때문에 결정타가 부족합니다. 각각에 대하여 실현 가능한 도입방법을 계속해서 연구하여 제안해야 할 것입니다.

▷ 개인의 노력을 넘어서

—**오오히라** 다만 한 가지 말할 수 있는 것은 큰 것만을 생각할 것이 아니라 하나하나는 작은 것이지만 티끌 모아 태산이라고 하는 발상이 아니면 안 된다는 그와 같은 것이 보이기 시작한 것 같습니다.

— **고바야시** 태양광에 대한 것인데, 그리스의 크레타섬을 간 적이 있는데, 거의 대부분 맑았기 때문에 태양광발전이 상당히 효과가 있어 보였습니다. 호텔에는 어김없이 설치되어 있었지요. 토지에 따라 적절한 곳에서는 하지 않으면 손해인걸요.

— **오오히라** 일본에서는 조금 부족한 듯하기 때문에 하지 말자고 말해서는 안 된다고 생각합니다. 원전을 한꺼번에 대체할 수 있는 무언가를 구하자는 것이 아니라 한 사람 한 사람이 착실하게 노력하는 수밖에 없지 않을까요?

— **스기모토** 물론 한 사람 한 사람의 노력도 중요합니다만, 온난화든 에너지 문제든, 일본만의 문제가 아닙니다. 일본인 한 사람 한 사람이 노력하더라도 세계 전체에서 하지 않으면 할 수 없는 측면이 있습니다.

— **오오히라** 그러한 것을 말해서는 안 된다고 하는 이야기를 하고 있나라고 이해하고 있습니다만…

— **스기모토** 하나의 방향으로서 우리 일본인들이 보다 효과적으로 다른 나라에서 실시할 가능성에 대하여는 어떨까요?

— **아키야마** 세계 전체로 생각하면, 비가 내리지 않는 사막도 있고, 맑은 날이 많은 그리스 같은 나라들이 있어 보다 효과적인 곳에서는 보다 효율성 있게 할 수 있는 것은 아닌가 라는 것이지요.

— **스기모토** 그렇습니다. 일본의 돈을 일본인 한 사람 한 사람이 패널을 사기 위해 쓰기보다 그것을 모아 좀 더 값싸게 태양광발전을 할 수 있는 나라에서 쓰는 편이 보다 효율성이 좋으리라고 생각합니다.

— **오오히라** 아, 과연 그렇겠군요.

— **고바야시** 기술이전을 해서 일본에서의 노력 대신 그 나라에서 이산화탄소를 감축시킬 수 있도록 교환을 하는 것이지요.

— **아키야마** 지구 전체에서 볼 때 줄어들면 좋은 일이겠네요.

— **고바야시** 그렇습니다. 그래서 작은 것만 생각해서는 안 되며, 큰 것을 의식하는 것도 물론 중요합니다.

— **오오히라** 원전은 큰 것으로 전기를 집중적으로 만들어 모든 사람들에게 나누어준다고 한다는 의미에서 중앙집권형입니다. 그에 비해 분산형의 발전은 어딘지 비효율적인 이미지가 있습니다. 그래도 원전을 쓰지 않고 그것을 대체하는 중앙집권형의 발전체계가 없으므로 일본에서는 태양광발전을 분산형으로 하고 있는 것입니다. 그러나 태양광발전을 한다고 해도 본래는 중앙집권형쪽이 효율적일 것이고, 그것에 적합한 장소가 있다는 것이지요.

— **스기모토** 그런 장소가 있다고 합니다.

— **아오키** 기술이전에 의한 해결책은 실시하고 있습니까?

— **오오히라** 환경과 관련된 원조는 하고 있습니다. 예를 들자면, 이집트에서는 「자파라나 풍력발전계획」[4]이라고 하는 일본의 엔차관에 의한 프로젝트가 있습니다. 풍력발전이 적합한 토지에서 재생가능 에너지를 만들어 내기 위한 것이지요.

— **아오키** 상대편 나라에서 그러한 원조가 잘 기능하고 있는가도 검증할 필요가 있습니다.

— **고바야시** 본래 인간은 전기를 만들 수 없었습니다. 에너지를 사용하려고 생각했을 때 태양광이 내리쬐는 낮에 활동하고 나무를 태워 몸을 녹였었지요. 에너지 체적당 혹은 질량당 집중도를 「에너지 밀도」라고 합니다. 옛날에는 에너지 밀도가 낮은 자연의 에너지밖에 이용할 수 없었으므로 분산해서 활동했던 것이지요. 지식이 늘어나고 기

4) 이는 「ZAFARANA WIND POWER PROJECT」를 말한다. 이집트의 수도 카이로에서 220Km 정도 떨어진 홍해연안의 광활한 사막지대인 자파라나에 펼쳐져 있는 약 500기의 풍차 가운데 142기는 일본의 엔차관에 위해 건설되었다. 여기에서 생산되는 전력에 대해 전 세계가 주목하고 있는데, 그 이유는 온실가스를 거의 배출하지 않는 재생가능 에너지이기 때문이다. 상세한 내용은 www.jica.go.jp 참조.

술이 향상되어 에너지 밀도가 높은 화석연료와 원자력을 사용하게 된 것입니다. 에너지 밀도가 높은 에너지원을 사용하게 되면, 분산형에서 집중형으로 되어갑니다. 한 곳에서 많은 에너지를 공급할 수 있기 때문이지요. 그러나 너무 집중되면 위험하다고 하는 리스크를 생각하게 되었고, 또 에너지 밀도가 낮은 방향으로 돌아가려고 합니다. 언젠가는 없어질 화석연료도 이러한 움직임을 압박하고 있습니다. 아직 여유가 있을 때 기술을 개발하고, 자연의 에너지=재생가능 에너지만으로도 할 수 있는 기술을 구축하게 된 것입니다. 화석연료의 사용을 지금 당장 0으로 하는 것은 어려우므로 재생가능 에너지로 대체할 수 있는 것부터 대체해 나아가는 것이 현실적이지 않을까요?

— **오오히라** 기후변화라고 하는 얘기보다는 화석연료가 고갈되기 때문이라고 하는 소리도 들을 수 있습니다.

— **스기모토** 다만 지구 전체의 평균 기온이 4℃ 이상 상승하게 되면, 세계규모로 생물이 대량멸종될 위험을 초래할 수 있습니다. 그렇게 되어 버리면, 생물다양성을 지킨다고 하는 대전제가 크게 무너져 버립니다. 연료가 고갈되기 전에 지구가 망가져 버립니다.

— **오오히라** 인간세계만을 봐도 어려운 점들이 있습니다. 예를 들어, 종래의 농업이 불가능하게 되지요. 악영향은 대체로 가난한 사람들에게 가게 됩니다.

— **스기모토** 그렇습니다. 기후변화는 세계 식량의 안전보장에도 크게 관련되어 있습니다.

— **오오히라** 세계은행과 같은 세계의 빈곤을 논의하는 곳에서 기후변화가 중요한 주제가 되고 있습니다. 기후변화의 영향이 가난한 사람들한테 간다는 얘기지요.

▷ 커다란 것도 의식한다

— **로쿠샤** 기후변화의 이야기는 어쩐지 주변에서 일어나는 문제와 결부되기 힘든 점이 있다는 것을 알았는지도 모르겠습니다.

— **아키야마** 게릴라성 호우와 토네이도, 열대야 등의 기상 하나하나를 기후변화, 특히 인위적으로 발생한 것과 연결하는 것은 좀 곤란합니다. 장기적인 (100년 정도?) 기후와 생태계의 변화를 봐야 한다고 생각합니다. 이를 위해서는 확실히 조사하고 기록해 둘 필요가 있습니다.

— **스기모토** 오늘 내린 비가 온난화 때문인지 아닌지는 아무리 해도 말할 수 없습니다.

— **오오히라** 게릴라성 호우도요.

— **아키야마** 지금 직접적으로는 곧바로 연결짓지 않아도 눈을 크게 뜨고 보면 연관될 가능성이 있겠지요.

— **스기모토** 자신에게 남길 것인가, 아니면 자기 자식들한테 남길 것인가에 상관없이 이대로 가는 것이 리스크인 것입니다. 지진이라면 발생확률과 피해액을 고려하여 내진보강 등의 대책에 돈을 들이겠지요. 지구온난화도 그와 같은 정도일까, 더하면 더했지 결코 그에 못 미치지 않는 리스크가 됩니다. 그런 감각을 모든 사람들이 가지고 있지 않다는 것이 위험하다고 생각합니다. 어떻게 전달하면 좋을까요?

— **가나야** 글쎄 뭐가 딱 맞을까요…

— **스기모토** 그렇지요. 2℃ 오른다고 하는 것도요. 더운 날은 2℃ 정도는 오르니까요. 그렇게 생각해 버리고 마는 것입니다. 지구 전체 평균으로 2℃ 상승은 대단한 것입니다. 2℃ 이내로 억제해야 합니다. 많은 영향이 예상될 수 있지만요.

— **아키야마** 생물 전체로 말한다면, 평균기온이 2℃ 오르면, 식물과 동

물의 수와 분포의 변화, 대다수 산호의 백화현상 등의 영향이 예상되고 있습니다. 2℃의 상승이 생태계나 생물다양성에 영향을 미치면, 결국은 인간에게도 돌고 돌아서 온다고 말할 수 있겠지요.

— **스기모토** 지금 있는 기후에 인간이나 생물이 적응해 왔으므로 그것이 변해서 생기는 피해액은 상당할 것이지만요.

— **가나야** 실감할 수가 없네요.

— **스기모토** 특히 일본인들은 살기 편한 곳에 살고 있기 때문이지요. 2℃ 변해도 일본인은 살아갈 수 있을지 모르겠습니다. 기상재해의 피해와 방재비가 증가할 것은 틀림없겠지만 말입니다.

— **고바야시** 기후변화에 대하여도 시간 얘기를 생각하지 않으면 안 되겠지요. 자연에서 기원하는 기후변화의 속도에 비해 인위적으로 발생하는 변화가 심합니다. 급격한 변화이기 때문에 환경이 적응할 수 없습니다. 그것을 인식하지 않고 내버려 두어도 돌아올 것이라고 세상 사람들은 생각하는 경향이 있지요.

변화가 불가역적이라고 하는 것도 이해해 주었으면 합니다. 변한 것은 또 돌아오지 않아서 다른 것이 되어 버립니다. 한번 늘여서 잘라버린 고무가 되돌아오지 않는 것처럼 말이지요. 어느 지점까지 변화가 진행되면, 처음으로 되돌아올 수 없는 한계점이 있습니다. 그것을 인식하지 않고 환경이 언젠가는 적응해 줄 거라고 생각하면 기후변화에 관한 논의가 진행되지 않겠지요.

— **스기모토** 기후가 임계치(tipping point)를 넘을 때, 본래의 상태와는 다른 상태로 불가역적으로 변하는 것은 지금도 활발하게 논의되고 있습니다. 예를 들자면, 유럽을 온난한 기후로 만드는 멕시코만류가 정지할 가능성 등과 같은 것이지요. 한편으로 지구의 역사에서 본 변화는 급속할지 모르지만, 주변에서 느끼는 감각으로는 전혀 알아채지 못할 정도로 변화 속도가 늦기 때문에 어려운 것입니다.

—**아키야마** 자신이 살아 있는 동안에 어떻게 되겠지라고 생각해 버리는 것이지요.

—**아오키** 더워지면 에어컨을 켜면 되는 거 아냐? 라고 생각하는…

—**가나야** 게다가 그것이 점점 더 기온을 상승시켜 버리지요.

—**고바야시** 지금 우리들은 변화가 늦게 생겨서 이를 알아채지 못해도, 지구라고 하는 시스템에게는 빠른 속도로 환경이 회복할 수 없는 데까지 변화해 가고 있습니다. 그에 따라 지구에 사는 인류와 생물의 환경이 변화하고 곤란해지게 되는 것이지요. 큰 것도 인식할 필요가 있습니다.

그리드의 안정강화

일본에서 앞으로 재생가능 에너지의 공급이 많게 된다면 필요한 것이 그리드(grid, 송전망)의 안정강화입니다. 시각마다 변동이 심한 태양광과 풍력이 전력계통에 대량으로 도입되게 되면 계통이 불안정하게 되므로 상류의 화력발전소에서 발전량을 조절하여 전력계통의 안정화를 꾀하고 있습니다. 하류의 가정이나 사무소 등에서 남은 태양광 등의 전력이 충전되어 계통에 공급되면 전력의 역류가 생겨 상류만으로는 억제할 수 없게 됩니다. 그래서 각 가정과 사무실 등에 전력을 디지털 계측할 수 있는 스마트 미터를 설치하여 계통의 전력수요와 공급을 잘 통제할 차세대 송전망으로 하는, 즉 스마트 그리드가 필수적입니다.

한편, 태양광이나 풍력이 풍부한 홋카이도나 도후쿠와 간토, 간토와 간사이 등 지역마다 전력의 교환이 가능하다면, 더 안정화 될 수 있습니다. 이를 위해서는 각 전력회사 사이에 그리드를 좀 더 강화할 필요가 있습니다. 유럽에서는 육지가 계속 이어진 나라들에서 이미 전력 교환을 하고 있습니다. 나아가 북해를 중심으로 해서 영국의 해상풍력, 노르웨이의 수력, 독일의 태양광 등을 해저케이블로 이은 슈퍼 그리드의 구상도 있습니다. 북아프리카의 태양광은 스페인과 이탈리아와 이어지기 시작했습니다. 일본에서도 국경을 초월하여 그리드가 세워질 날이 올까요?

小林宏充(고바야시 히로미치)

▷ 마무리

— **스기모토** 지구온난화는 만성인 생활습관병에 비유할 수 있습니다. 지금은 별다른 증상이 없어도 방치해 두면 점점 증상이 심해져 갑니다. 실은 지금 상황에서도 상당히 진행되고 있어 통상적인 약이 듣지 않는 상황에까지 와 있습니다. 돈을 들여 수술해도 실패하거나 더 악화될지도 모릅니다. 좋은 기술이 나올 때까지 기다려 참으려고 해도 그 전에 어디까지 악화될지 모릅니다.

2℃ 이내로 온도상승을 억제하기 위해 세계 전체에서 배출되는 온실효과가스의 양을 결정하고 있습니다. 이 상한(cap)을 각국에 할당하여 자원으로서 거래(trade)하는 것이 「Cap and Trade 방식」[5)]입니다. 그러나 세계 전체가 2℃의 온도상승을 리스크로 파악해서 예방원칙하에 합의할 수 있는 것은 아직 장래의 일인 듯 싶습니다. 이미 늦은 감을 부정할 수 없습니다. 우리들은 한 사람 한 사람이 할 수 있는 것을 할 수밖에 없겠지요.

— **아오키** 지구규모에서 온실효과가스의 배출량을 감축해야만 한다, 그것도 시급하게 손을 써야만 한다는 것을 알았습니다. 다만 시야를 크게 넓힌다고 해서 구체적인 문제는 보기 어렵다는 것도 느꼈습니다. 국가는 여러 가지 대책에 따라 온난화대책을 세우고 있습니다. 법을 새롭게 만든다든가, 기존의 법을 개정한다든가, 보조금을 주어 인센티브를 준다든가 하는 것처럼 말이지요. 이러한 하나하나의 대처방

5) 「Cap and Trade 방식」이란 이산화탄소 배출량 거래방식의 하나로서 배출량에 상한(cap)을 설정한 분량을 배출기업·사업에 할당하여 잉여배출량과 부족배출량을 매매하는 방식을 말한다. 배출량에 상한 제한이 있기 때문에 온실효과가스의 배출 총량을 감소하는 효과가 있고, 과부족을 거래할 수 있기 때문에 배출하는 이산화탄소에 가격을 매겨 배출업자의 인센티브도 작동하므로 보다 감축행동으로 연결하는 것을 목적으로 한 것이다.

안들이 있기는 하지만 전체로서 얼마만큼 온난화대책에 공헌하고 있을까요? 개개 시책의 내용만이 아니라 그 효과에 대하여도 이해하기 쉽게 홍보하여 사람들의 관심을 높일 수 있다고 생각합니다.

— **고바야시** 교토의정서가 체결됐을 당시에 비해 주요 이산화탄소 배출국을 포함하여 압도적으로 많은 나라들이 파리협정을 체결했습니다. 과학적인 논의에 따라 많은 나라들이 온난화 현상을 인식한 결과입니다. 온실효과가스를 감축하는 지구규모의 협력체제가 만들어진 것이지요. 파리협정에는 금세기 후반에 온실효과가스의 배출을 실질적으로 0으로 하는 것도 포함되어 있습니다. 여러분들과의 논의를 통하여 일본의 기술력을 살려서 다른 나라의 온실효과가스를 감축시킬 시책도 유효한 수단이라는 것도 알았습니다. 각국이 자국의 이익만 생각하면, 목표를 달성할 수 없게 됩니다. 다른 나라에게도 무엇인가를 할 수 있는지, 각국이 할 수 있는 것으로서 서로 도움을 주는 것도 중요한 일이라고 생각합니다.

— **아키야마** 산에 오르면 고산식물들이 급격하게 줄어들고 그 대신 동산에 있는 식물들이 번성하고 있는 것을 볼 수 있습니다. 산호초를 보면, 대규모의 백화현상을 볼 수 있습니다. 실제로 온난화에 의한 생태계의 변화를 느낄 수 있지요. 생태계의 힘은 크지만, 한계가 있어 어디까지나 복원될 수 있는 것은 아닙니다. 지구에 살고 있는 생물의 일종으로서 인간은 생태계를 오래 유지해야 할 책임이 있습니다. 또 지구 전체적으로 보면 인구폭발로 나아가고 있는데, 모든 사람들이 쾌적하게 생존하기 위해서는 재생가능한 에너지의 개발이 불가결합니다. 대책으로서, 개인적 차원의 소비에너지 감축에서부터 전 세계적 차원에서의 효율적인 에너지의 개발과 생산까지 해야 할 수 있는 일들을 여러 가지로 해봐야겠지요.

— **오오히라** 기후변화의 문제에 대하여 자신이 무엇을 할 수 있는가, 일

본이 무엇을 할 수 있는가를 생각해 보았습니다. 이 문제를 너무 의식했기 때문일까, 내 주변의 행동이라든가, 일본 국내에서 무엇을 할 수 있을까라고 하는 관점에서 생각했습니다. 여기에서의 논의를 통하여 기후변화의 문제는 일본 국내에서의 문제만이 아니라는 것을 새삼스레 인식했습니다. 일본인이 시행한 대책이라고 해도 그것은 일본 국내에서 일어나는 것이라고 한정할 수 없습니다. 특히 재생가능 에너지라고 한다면, 그것에 적합한 기후조건을 가진 나라에서 하는 것이 훨씬 의미가 있습니다. 일본인이 외국에서 하는 대책이 중요한 것입니다. 주변의 문제로서 환경문제를 이해하면 쉽게 알 수 있는 것은 확실하지만, 주변의 관점에 의식을 한정하지 않고 넓게 문제를 파악하는 것이 중요하다고 생각합니다.

—**가나야** 여기에서는 특히 식물에 의한 광합성이 중요하다는 것을 알았습니다. 식물은 태양에너지를 사용해서 광합성에 의해 유기물을 합성하는데, 그것은 다른 생물의 먹이, 즉 에너지원이 되고, 아주 옛날에 번성했던 식물은 오랜 세월 사이에 석탄이라는 화석연료가 되었으며, 현재에도 다른 형태의 에너지원이 되고 있습니다. 게다가 온실효과가스인 이산화탄소를 흡수하여 식물 안에 축적해 두어 온난화의 진행을 억제할 수 있습니다. 그러한 의미에서 열대우림을 지키는 것은 지구규모에서 중요한 일인데, 우선은 자신의 몸 주변에 있는 식물을 중요하게 해야 한다고 생각합니다.

—**로쿠샤** 국제사회에서는 금세기 중에 「탈(脫) 탄소=탈(脫) 화석연료」를 향한 방향으로 움직이기 시작했습니다. 이것은 「이산화탄소를 만들면서 에너지를 만드는 것이 당연하다」는 상태에서 「이산화탄소를 배출하지 않고 에너지를 만드는 것이 당연한」 상태로 대전환하는 것을 의미합니다.

예전에 일본에서는 어디에서도 담배를 피울 수 있었지만 지금은 흡연구역에서만 흡연이 가능한 것을 당연하게 생각합니다. 왜 이렇게 된 것일까요? 그것은 사람들의 상식이 변했기 때문입니다. 상식이 변하기 위해서는 계기가 필요합니다. 흡연장소에서의 흡연의 경우, 간접흡연에 대한 과학적인 지식이 축적되어 그것을 도덕적으로 많은 사람들이 받아들이기 시작했습니다. 즉, 「담배를 피울 자유」로부터 「개인의 건강을 해치면서까지 피울 자유는 없다」고 하는 윤리규범이 확대된 것이지요.

현재 지구온난화에 관한 과학적 지식이 축적되어 세계적으로 「이산화탄소를 배출할 자유」는 「다른 나라의 가난한 사람들을 해치면서까지 배출할 자유는 없다」고 하는 윤리규범(기후정의[氣候正義])이 계속 확대되어 가고 있습니다.

여기에서 만약 화석연료보다 값싸게 발전할 수 있는 재생가능 에너지를 사용할 수 있게 된다면 어떻게 될까요? 분명 탈(脫)탄소사회로의 대전환이 일어날 것입니다. 이를 위한 기술개발을 후원하는 것, 그것은 과학적 지식의 올바른 이해와 윤리규범의 공유라고 해도 좋을 것입니다. 그것이야말로 우리들 한 사람 한 사람이 짊어진 지구의 미래를 향한 사명이라고 생각합니나.

6번째 생물멸종기

생물은 그 역사 속에서 지각변동과 기후변화, 환경에 대한 부적응 등에 의해 몇 차례 대멸종기가 있었다고 합니다. 5억 4천 년 전의 고생대 캄브리아기에 다양한 형태를 가진 생물이 한꺼번에 다수가 출현한 것을 두고 「캄브리아 폭발」이라고 부르는데, 이후 4억 4천 년 전에 최초의 멸종기가 있어 삼엽충을 포함한 생물의 85%가 멸종되었습니다. 2번째는 3억 6,500만 년 전으로 많은 어류들이 멸종한 반면, 육지의 식물과 절족동물이 살아남아 진화가 시작되었습니다. 3번째인 2억 4,500만 년 전의 멸종기는 최대의 것으로서 바다와 육지 모두에 있던 생물들이 멸종되었습니다. 삼엽충의 화석도 이 시기까지밖에 확인할 수 없지요. 4번째는 2억 1,500만 년 전의 멸종기로, 많은 파충류들이 영향을 받아 그 후 공룡으로 대체되어 크게 번식되었습니다. 5번째가 소행성의 충돌에 의한 기후 대변화가 있었던 6,500만 년 전으로 지구상의 많은 생물들이 멸종되었고, 공룡도 이때 갑자기 사라졌다고 합니다. 그리고 현재가 인간에 의한 영향 하에 6번째 대멸종기가 아닐까 하고 염려하고 있습니다.

秋山豊子(아키야마 토요코)

조사해 보고, 생각해 봅시다

- 파리협정에서는 기온상승을 2℃ 이내로 억제할 것을 합의했습니다. 2℃ 이상의 기온상승은 당신에게 어느 정도의 리스크가 있을까요? 그 리스크를 피하기 위하여 어떠한 것을 해야 할까요?
- 주변에서 온난화가 원인이라고 생각되는 현상을 찾아보고, 그것이 온난화가 원인이라고 말할 수 있는지 없는지를 생각해 봅시다.
- 온난화를 억제하는 대책을 실시하면서 다른 한편으로 온난화에 적응하는 것도 필요하게 되었습니다. 어떤 대책이 일어나고 있을까요?
- 일본의 황폐한 산지, 세계의 사막과 맹그로브 숲에서 나무심기가 행해지고 있습니다. 그 목적과 효과, 나무심기를 할 때 필요한 주의사항을 생각해 봅시다.
- 인구증가와 빈곤문제를 안고 있는 개발도상국에서는 온난화를 억제하기 위한 토지의 녹화사업과 보전, 방출하는 이산화탄소를 줄이는 한편, 식량증산과 개발을 해야 합니다. 선진국이 할 수 있는 것을 생각해 봅시다.

참고문헌

本書を読んで、さらに詳しく知りたい、学びたい人のために、おススメの本を紹介します。☆は専門書で、ややむずかしいです。

◆ 環境問題全般

- 旭硝子財団、地球環境問題を考える懇談会編『生存の条件』信山社、2010年
  環境問題全般がコンパクトに整理され、わかりやすく書かれています。
- 大塚直編『18 歳からはじめる環境法』法律文化社、2013年
  さまざまな環境問題の現状と課題を整理し、いかにして環境法が対応してきたかを考えることができます。
- レイチェル・カーソハン『沈黙の春』新潮文庫、1962年
  自然破壊に警告を発した先駆的な本で、その後、世界に大きな影響をあたえました。環境問題に関心のある人の必読書です。
- (Original version) Rachel Carson, “Silent Spring”, Penguin Modern Classics, Shackleton, 2000
- 北村喜宣『環境法』有斐閣ストゥディア、2015年
  高校までの「環境」に関する知識を「環境法」へといざなう入門書です。
- 畠山武道『考えながら学ぶ環境法』三省堂、2013年
  社会の注目を集めている環境問題について、環境法をつかって解き明かす方法が語られています。☆
- 藤倉良、藤倉まなみ『文系のための環境科学入門（新版）』有斐閣コンパクト、2016年
  環境問題全般について、科学的に説明した入門書です。
- Ishimure Michiko, Livia Monnet (Translate), “Paradise in the Sea of Sorrow: Our Minamata Disease (Michigan Classics in Japanese Studies” Center for Japanese studies, The Universtity of Michigan, 2003
  Book in English on Minamata disease at the column at P15

◆ 第１章　循環型社会

- 亀山康子、馬奈木俊介編『資源を未来につなぐ』（環境政策の新地平　第5巻）岩

波書店、2015年

地球上のさまざまな資源を次世代に引き継ぐための利用・管理手法や政策が論じられています。☆

- 小宮山宏、住明正、花木啓祐、武内和彦、三村信男編『サステイナビリティ学〈3〉資源利用と循環型社会』東京大学出版会、2010年

循環型社会の実現に向けたさまざまな取組みや政策を詳述しています。☆

- 杉本裕明『ルポ　にっぽんのゴミ』岩波新書、2015年

日本のごみは日々どう処理されているかを取材しています。一般ごみのリサイクル率の高いドイツとのちがいを知ることができます。産廃、放射性廃棄物にも少しですが触れています。

- 鷲田豊明、笹尾俊明編『循環型社会をつくる』（環境政策の新地平　第7巻）岩波書店、2015年

最新の研究成果をもとに循環型社会の形成に向けた政策課題を提示しています。☆

- 吉田文和『循環型社会』中公新書、2004年

循環基本法や各種リサイクル関連法に基づく制度について、国や地方自治体、事業者、消費者などのかかわりかたを分析しています。

◆ 第２章　生物多様性

- 井田徹治『生物多様性とは何か』岩波新書、2010年

生物多様性の解説書・入門書ですが、絶滅に瀕している生物から生物資源の利益配分まで、重要な点はほとんど網羅されています。

- 大沼あゆみ、栗山浩一編『生物多様性を保全する』（環境政策の新地平　第4巻）岩波書店、2015年

生物多様性問題について、学際的に政策を論じています。☆

- 小宮山宏、住明正、花木啓祐、武内和彦、三村信男編『サステイナビリティ学〈4〉生態系と自然共生社会』東京大学出版会、2010年

生物多様性・生態系の評価とモニタリングの研究成果をもとに、保全・再生への長期戦略を提案しています。☆

- 坂口謙吾「くり返し聞きたい分子生物学講座」羊土社、2010年

生物多様性を生み出す突然変異と、それによる進化をわかりやすく解説しています。

- 高槻成紀『動物を守りたい君へ』岩波ジュニア文庫、2013年

「動物を守りたい」は人間のエゴか―自然を守る、動物を守ることの意味と、その本当のむずかしさに気づかせてくれる本です。

● 花里孝幸『生態系は誰のため?』ちくまプリマー新書、2011年
環境の変化に応じて柔軟に変わる生態系を考えるときは、生態系のバランスを常に意識することが重要であることを、豊富な例をつかってわかりやすく説明しています。

● フレッド・ピアス著、藤井留美訳『外来種は本当に悪者か? 新しい野生THE NEW WILD』草思社、2016年
外来種はすべて悪であるとの風潮がいまでもあるが、外来種のなかにはよいものもあり、
それが定着することにより「新しい野生」(新しい多様性)が生まれるのだという考えかたが大事だと提唱しています。

● スコット・ペイジ著、水谷淳訳『「多様な意見」はなぜ正しいのか 衆愚が集合知に変わるとき』日経BP 社、2009年
せまい領域の高度な人材が集まるよりも、多様な能\力をもった人々が集まることで、組織が思わぬ力をもつようになることを示しています。

● 本川達雄『生物多様性』中公新書、2015年
生物多様性を取り巻く現状をとらえたうえで、「生物多様性には守る価値がある」ことを説いています。

● 鷲谷いづみ『〈生物多様性〉入門』岩波ブックレット785、2010年
生物多様性について、全容をまず把握したいときに、さっと読めます。

◆ 第３章　気候変動と温暖化対策

● 江守正多『地球温暖化の予\測は「正しい」か? 不確かな未来に科学が挑む』化学同人、2008年
地球温暖化の科学について正しく知ることができます。

● 江守正多『異常気象と人類の選択』角川SSC 新書、2013年
懐疑論に対する反論と、地球の未来に対する人類の選択について考えることができます。

● 大野輝之『自治体のエネルギー戦略』岩波新書、2013年
東京都が2008年に導入した温室効果ガス総量削減義務と排出量取引制度(キャップ & トレード方式)など、エネルギー問題に対する地域発の取組みを紹介しています。

● 小澤祥司『エネルギーを選びなおす』岩波新書、2013年
地域に見合った用途で、地域の人びとがかかわり、自然エネルギーをつかいこなす社会を提言しています。

● Stephen Peake, “Renewable Energy: Power for a Sustainable Future”, Oxford

University Press; 4th version, 2018

Book on the sustainable energy

- Allen J. Wood, Bruce F. Wollenberg, Gerald B. Sheblé, "Power Generation, Operation, and Control", Wiley-Interscience; 3th version, 2013

  Book on electric power generation

- 亀山康子、森晶寿編『グローバル社会は持続可能か』（環境政策の新地平 第1巻）岩波書店、2015年

  地球全体で環境問題の解決と持続可能な発展の両立に向けて、政策課題を分野横断的に論じています。☆

- 小西雅子『地球温暖化は解決できるのか』岩波ジュニア新書、2016年

  世界自然保護基金（WWF）に所属する著者が、みずからの経験を踏まえて、温暖化対策をめぐる国際交渉の様子を臨場感あふれる筆致で解説しています。

- 小宮山宏、住明正、花木啓祐、武内和彦、三村信男編『サステイナビリティ学〈2〉気候変動と低炭素社会』東京大学出版会、2010年

  気候変動に関する国際的な取り組みと低炭素社会の実現に向けた道筋を提示しています。☆

- 藤部文昭『都市の気候変動と異常気象 ―猛暑と大雨をめぐって―』（気象学の新潮流1）朝倉書店、2012年

  都市の気候変動と異常気象について、メカニズムから解説しています。

- 堀史郎、黒沢厚志『ニュースが面白くなるエネルギーの読み方』共立出版、2016年

  化石燃料、原子力、再生可能エネルギー、パリ協定について、まんべんなく触れています。

찾아보기

(ㅇ)

(ㅈ)

공저자소개

아오키 준이치(青木淳一)

1977년생. 게이오대학 법학부 법률학과 졸업, 동대학원 법학연구과 박사과정 수료. 법학석사. 게이오대학 법학부 전임강사(행정법)를 거쳐 지금은 준교수. 에너지, 정보통신, 교통 등 공익사업의 규제와 경쟁을 연구하고 있다. 주요 저서는 『判例から学ぶ憲法・行政法』(共著, 法学書院, 2007年), 『プレステップ法学』(共著, 弘文堂, 2009年), 『行政法辞典』(共著, 法学書院, 2013年), 『総合研究・日本のタクシー産業』(共著, 慶応義塾大学出版会, 2017年)가 있다.

아키야마 토요코(秋山豊子)

1950년생. 사이타마대학 이학부 생화학과 졸업, 쓰쿠바대학 생물과학연구과 박사과정 중퇴. 이학박사. 게이오대학 법학부 조수(생물학), 조교수, 교수를 거쳐 현재는 명예교수. 동물의 체색발현기구와 환경보전의 연구를 하고 있다. 1991~1993년 미국 네브라스카대학 유학. 주요 저서는 『生きているってどういうこと?』(共著, 培風館, 2006年), 『新編色彩科学ハンドブック』(共著, 東京大学出版会, 2011年), 『Skin Pigmentation』(共著, Nova Science publishers, Inc., 2013年)가 있다.

오오히라 사토시(大平哲)

1963년생. 게이오대학 경제학부 졸업, 동대학원 경제학연구과 박사과정 졸업. 현재는 게이오대학 경제학부 준교수. 개발도상국의 개발문제, 특히 경제성장을 전문으로 하고 있으며, 그 주제와의 관련하여 농업문제와 환경문제의 연구도 하고 있다. 주요 저서는 『マクロ経済学の方法・理論と実証・政策』(共編著, 御茶ノ水書房, 2002年), The agricultural sector in Thailand's middle－income stage (共著, Poverty, Inequality, and Growth in developing Countries, Routledge, 2015年)가 있다.

가나야 노부히로(金谷信宏)

1953년생. 홋카이도대학 이학부 식물학과 졸업, 동대학원 이학연구과 식물학 전공 석사. 이학박사. 게이오대학 법학부 조수(생물학), 전임강사를 거쳐 현재는 준교수. 전문은 세포유전학으로 화학물질과 하천수의 변이원성을 식물세포에서의 염색체이상과 소핵유발을 지표로 하여 조사하고 있다. 주요 논문은 「タマネギ根端細胞での小核誘発を指摘として河川水の変異原生」(慶応義塾大学日吉紀要自然科学56号, 2014年)이 있다.

고바야시 히로미치(小林宏充)

1971년생. 도쿄공업대학 이학부 응용물리학과 졸업, 동대학원 종합이공학연구과 창조에너지 전공 박사졸업. 공학박사. 과학기술진흥사업단 연구원, 게이오대학 법학부 전임강사(물리학), 조교수를 거쳐 현재는 교수. 2005~2007년 미국 스탠포드 대학에 유학. 2010년부터 도쿄공업대학 학술정보센터 객원교수. 전문은 유체역학으로 난류의 모델화와 전자유체발전에 대한 연구. 주요 저서는 『流体力学の基礎』(共著, 数理工学社, 2014年)가 있다.

스기모토 노리히코(杉本憲彦)

1977년생. 교토대학 이학부 졸업, 동대학원 이학연구과 지구혹성과학 전공 박사졸업. 이학박사. 나고야대학 COE 연구원, 게이오대학 법학부 전임강사(물리학)를 거쳐 현재는 준교수. 2014~2016년 프랑스 에콜 폴리테크닉에 유학. 2016년도 일본 유체역학회 동용문상. 전문은 지구유체역학, 기상학, 혹성대기과학. 기상예보사. 주요 저서는 『風はなぜ吹くのか, どこからやってくるのか』(ベレ出版, 2015年)가 있다.

로쿠샤 아키라(六車明)

1952년생. 게이오대학 법학부 법률학과 졸업. 재판관, 법무성 형사국소속 검사, 총리부공해등 조정위원회사무국 심사관, 게이오대학 법학부 조교수, 교수, 법무연구과 교수를 거쳐 현재는 법무연구과 글로벌 법무전공교수. 전문은 환경법. 변호사. 주요 저서는 『環境法の考えかたⅠ』, 『環境法の考えかたⅡ』(慶應義塾大学出版会, 2017年)가 있다.

공역자소개

이경재(李璟在)

연세대학교 법학과 학사·석사·박사 졸업
한국형사정책연구원 선임연구원 역임
(現) 충북대학교 법과대학, 법학전문대학원 교수(형법)

[역서]
범죄인의 탄생(체자레 롬브로조), 법문사, 2009.
여성범죄인(체자레 롬브로조), 한국형사정책연구원, 2014.

[논문]
“기후변화와 친환경범죄학의 탄생”, 과학기술과 법(제8권 제1호, 2017), 충북대학교 법학연구소 외 다수

김경우(金勁佑)

서울대학교 법과대학 졸업
연세대학교 대학원(법학석사)
요코하마국립대학 국제사회과학부(법학박사)
(現) 연세대학교 SSK 기후변화와 국제법연구센터 연구교수

[역서(공역)]
기후변화시대 기업의 대응전략, 세창출판사, 2013.
국제경제법의 쟁점－통상 투자 경쟁, 박영사, 2014.
에너지 투자중재 사례연구－ISDS의 실제, 박영사, 2016.

[논문]
「タバコのプレーン・パッケージングとTRIPS協定第20条」『横浜法学』 第27券第3号(2019年３月) 외

법학, 경제학 그리고 자연과학에서 바라보는 환경문제

초판발행 2019년 6월 28일

지은이 아오키 준이치·아키야마 토요코·오오히라 사토시·가나야 노부히로·고바야시 히로미치·스기모토 노리히코·로쿠샤 아키라
옮긴이 이경재·김경우
펴낸이 안종만·안상준

편 집 조보나
기획/마케팅 조성호
표지디자인 박현정
제 작 우인도·고철민

펴낸곳 (주) 박영사
서울특별시 종로구 새문안로3길 36, 1601
등록 1959.3.11. 제3070-1959-1호(倫)
전 화 02)733-6771
f a x 02)736-4818
e-mail pys@pybook.co.kr
homepage www.pybook.co.kr
ISBN 979-11-303-3450-9 93360

정 가 23,000원